프로게이머
어떻게
되었을까
?

꿈을 이룬 사람들의 생생한 직업 이야기 3편

프로게이머 어떻게 되었을까?

1판 1쇄 찍음 2015년 4월 01일
1판 6쇄 펴냄 2023년 3월 10일

펴낸곳	㈜캠퍼스멘토
저자	지재우
책임 편집	이동준 · 북커북
진행 · 윤문	북커북
연구 · 기획	오승훈 · 이사라 · 박민아 · 국희진 · 김이삭 · 윤혜원 · ㈜모야컴퍼니
디자인	㈜엔투디
마케팅	윤영재 · 이동준 · 신숙진 · 김지수 · 김수아 · 김연정 · 박제형 · 박예슬
교육운영	문태준 · 이동훈 · 박홍수 · 조용근 · 황예인
관리	김동욱 · 지재우 · 임철규 · 최영혜 · 이석기
발행인	안광배

주소	서울시 서초구 강남대로 557 (잠원동, 성한빌딩) 9층 ㈜캠퍼스멘토
출판등록	제 2012-000207
구입문의	(02) 333-5966
팩스	(02) 3785-0901
홈페이지	http://www.campusmentor.org

ISBN 978-89-97826-04-9 (43300)

e-sports
전문가들의
커리어패스를 통해
알아보는
리얼
프로게이머
이야기

프로게이머
어떻게

How did they become Progamer?

되었을까?

CampusMentor
캠퍼스멘토

"도움을 주신
e스포츠 전문가들을
소개합니다"

홍진호
전직 프로게이머, 방송인

- 현) 방송인, 콩두컴퍼니 대표
- 제닉스 스톰 감독
- KT 롤스터 소속 선수
- 대한민국 공군 ACE 소속 선수
- KTF 매직엔스 소속 선수
- 원광대학교 디지털미디어학과 졸업

박정석
프로 게임팀 감독

- 현) CJ 엔투스 감독
- 전) 나진e엠파이어 감독
- KT 롤스터 소속 선수
- 대한민국 공군 ACE 소속 선수
- KTF 매직엔스 소속 선수
- 한빛스타즈 소속 선수
- 원광디지털대학교 게임기획학과 졸업

임태주
e스포츠 방송국 기획자

- 현) 온게임넷 e스포츠 총괄 국장
- ㈜ 시티미디어(시티신문사) 편집국장, 이사
- ㈜ 그래텍 곰TV 총괄 제작 국장,
  마케팅 본부 이사
- 스포츠조선 기자
- 세종대학교 대학원 게임학 석사
- 서울시립대학교 도시행정학과 졸업

이재균
한국e스포츠협회(KeSPA)
행정가

- 현) 한국e스포츠협회 경기위원회 위원장
- 웅진 스타즈 감독
- 제1회 월드사이버게임즈(WCG) 국가대표 감독
- 한빛 스타즈 감독
- 서울사이버대학교 게임애니메이션학과 졸업

박태민
프로 게임 해설자

- 현) 온게임넷 해설위원
- 대한민국 공군 ACE 소속 선수
- SK텔레콤 T1 소속 선수
- CJ 엔투스 소속 선수
- 아주대학교 미디어학과 졸업

이 책의 구성

Chapter 1

프로게이머, 어떻게 되었을까?

Chapter 2

프로게이머의 생생 경험담

Chapter 3

스포츠+문화 산업의 핵심, e스포츠

CHAPTER
| 1 |

프로게이머,
어떻게
되었을까
?

프로게이머란?

프로게이머는
공인 게임 대회에서 입상한 후 소정의 교육을 받고
한국e스포츠협회(KeSPA)에 등록되어 지속적 또는
직업적으로 게임 대회에 참가하는 자이다.

• 출처 : 한국e스포츠협회 http://www.e-sports.or.kr

게임 감독, 팀원들과 함께 전략 시뮬레이션, 롤플레잉, 액션 게임, 온라인 게임 등
컴퓨터 게임에 대한 기술 및 전략을 익히고 연습하여 각종 공인 게임 대회에 참가
한다. 그리고 새로운 게임 소프트웨어에 대한 베타 테스트를 하거나 새 게임 소프
트웨어가 출시되면 시연회와 관련 행사에 참여하며 소속 회사를 홍보한다.

• 출처 : 한국직업능력개발원 직업 사전

프로게이머란 직업의 시작

국내 프로 게임 산업의 시작은 PC방이 생겨나고 스타크래프트가 국내에 유통되면서 그 흥행과 함께 시작되었다. 컴퓨터와 사람이 게임을 하는 이전의 방식이 아닌 베틀넷이라는 공간 안에서 사람과 사람이 경기하는 방식으로 전환되면서부터 국내에 프로 게임이라는 말이 생겨났다.

처음에는 동네 PC방에서 단골손님 확보와 매출 증대를 위해 벌이던 작은 규모의 게임 대회들이 전국적으로 PC방이라는 네트워크가 형성되던 98년 하반기부터 전국 규모의 게임 대회로 커졌다. 98년 하반기와 99년부터 KPGL, 베틀탑, 넷크립, 고수, 혜성 스파르타, 프로게이머 코리아오픈, 스포츠 서울, GPL, 한국 마스터즈 대회, SBS 등의 전국적인 규모의 게임 대회와 리그들이 등장하기 시작하였다.

2000년 상반기에 들어서 KIGL, PKO, KGL 등의 3대 프로 게임 리그로 정착되었고, 프로 게임 리그 또는 상금이나 참가 인원 등의 규모가 큰 대회에서 상당한 실력을 갖추고 상위 입상을 하거나 프로 게임팀에 소속된 게이머를 일컬어 일정한 기준이 없이 자칭, 타칭 프로게이머라 부르게 된 것이다.

준프로게이머란

공인 게임 대회에서 1회만 입상했을 때 준프로게이머의 자격이 주어지며, 정식 프로게이머가 되기 위한 준비 단계에 해당된다. 일반 게이머는 공인 게임 대회에서 2회 이상 입상해야 프로게이머가 되지만, 준프로게이머는 1회만 입상하면 소양 교육 후 바로 프로게이머로 등록될 수 있다.

프로게이머의 자격 요건

프로게이머가 되는데 특별히 나이 제한은 없다. 단, 프로게이머 등록 요건이 되었을 때 나이가 만 18세 미만의 경우라면 친권자 또는 법적 대리인의 동의가 있어야 한다.

프로게이머라는 직업은 어떤 특성을 가진 사람들에게 적합할까?

프로게이머는 집중력과 분석적 사고가 있어야 하며, 정교한 손동작과 빠른 신체 반응 능력을 갖추어야 한다. 새로운 게임이나 컴퓨터, 장비 등에 대한 전반적 지식을 갖추어야 하고, 어려운 상황에도 심리적 평정을 유지할 수 있는 자기 통제 능력과 인내심, 끈기가 있어야 한다. 예술형과 탐구형의 흥미를 가진 사람에게 적합하며, 스트레스 감내, 성취, 혁신 등의 성격을 가진 사람들에게 유리하다.

• 출처 : 한국직업능력개발원 직업 사전

프로게이머와 관련된 특성

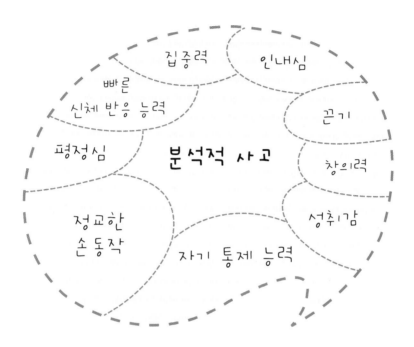

집중력

인내심

빠른
신체 반응 능력

끈기

평정심

분석적 사고

창의력

성취감

정교한
손동작

자기 통제 능력

재능도 있어야 하지만 노력이 중요해요.

가장 기본은 노력입니다. 기본이면서도 가장 어려운 것이죠. 어느 정도의 재능도 무시할 수 없기 때문에, 자신의 재능이 객관적으로 어느 정도인지 주변의 말에 귀를 기울어야 합니다. 또, 자신이 좋아하는 것인지, 잘할 수 있는 것인지도 고려해야 합니다.

정신력이 강해야 해요.

임요환 선수가 굉장히 노력파였어요. 정말 자기 스스로 채찍질을 하고 마른수건 짜듯이 노력하고 스스로를 벼랑으로 밀어가며 연습을 합니다. 눈에 보이는 게 전부가 아니에요. 프로게이머들의 하루를 보면 굉장히 지칩니다.

체력이 강해야 해요.

　프로게이머는 컴퓨터 앞에 앉아 단순 노동이 아닌 고도의 정신적인 노동을 하는 직업이에요. 단순히 키보드와 마우스만을 움직이는 것이 아니라 전략과 전술을 짜서 상대방을 제압해야 하는 두뇌 싸움을 해야 하기 때문에 강한 정신력은 기본이죠. 그런데 그 강한 정신력은 체력에 달렸어요. 그래서 요즘 프로 게임팀들은 체력 보강을 위해 필수로 운동을 시키기도 합니다.

　체력이 떨어지면 보이지 않는 적들과 싸울 수 없어요.

분석적인 사고가 필요해요.

　다양한 대회에서 다양한 선수들의 전략과 전술을 겪고 승리를 하려면 상대방의 허를 찌를 수 있는 새로운 아이디어를 내거나 문제를 해결하기 위해 대안들을 늘 생각해야 합니다.

평정심 유지와 같이 자기 통제를 잘해야 해요.

　게임을 하다 보면 이길 때도 있고, 질 때도 있어요. 그때마다 일희 일비하지 않고, 평정심을 유지할 수 있는 자기 통제력이 필요해요. 특히 리그 대회는 여러 번의 경기가 이어져 승패가 결정되기 때문에 한 번 이겼다고 자만하거나 졌다고 자책감에 빠져 다음 경기를 그르치지 않아야 하죠.

신체 반응이 빨라야 해요.

　최고 수준의 게이머들은 반응 속도가 극에 달하면 사건 발생과 동시에 반응하는 단계를 넘어 일이 일어나기도 전에 예측하고 움직이는 것 같은 상황이 연출돼요. 그만큼 프로게이머들은 상대방의 움직임에 빠르게 반응하거나 신체를 신속히 움직이는 능력을 갖춰야 해요.

내가 생각하고 있는 프로게이머와 관련된
특성들을 적어 보세요~

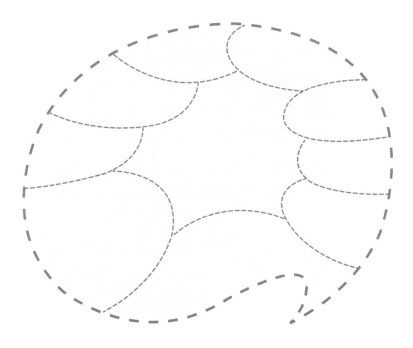

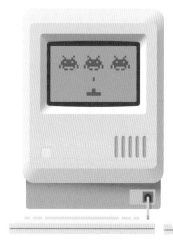

소양 교육
이수

프로게이머

프로 게임팀의
스카우트 선발,
드래프트에
참가

소양 교육
이수

1 대회 참여

공인 게임 대회는 한국e스포츠협회에서 인증한 대회를 말하는 것으로, 이 대회에서 연 2회 이상 입상을 하면 일단 프로게이머 등록 대상자가 된다. 그 후 협회에서 실시하는 소양 교육을 이수하면 프로게이머로 등록될 수가 있다.

공인 게임 대회 일정은 한국e스포츠협회 홈페이지(http://www.e-sports.or.kr)의 대회 일정에서 확인할 수 있다. 공인 게임 대회는 대회를 주최·주관하는 곳에서 대회를 개최하기 전 협회로 공인 게임 대회 인증을 요청하면 협회에서 심의 후 인증하는 것이기 때문에 몇 회나 열릴지 또 계획된 일정 등을 알 수가 없고, 인증되면 바로 일정에 올린다.

대회 입상 기준은 단일 대회일 경우 8위 이내, 리그 대회일 경우 16위 이내 입상자가 해당된다.

위의 조건이 되었을 때 나이가 만 18세 미만일 경우라면, 친권자나 법적 대리인의 동의만 있으면 등록될 수 있다.

톡(Talk)!
박정석
프로 게임팀 감독

저는 2살 위인 형을 통해 스타크래프트를 처음 하게 되었고, OOPS라는 길드에 들어가 팀플레이를 배우면서 본격적으로 게임을 시작했습니다. 가정 형편이 좋지 않아 PC방에서 아르바이트를 하며 게임을 하기도 했어요.

그 당시 스타크래프트 매니아라는 팀을 이끌고 있던 이재균 감독님이 제 이야기를 들으시고 저를 스카우트해 주셨어요. 2001년 신예 프로토스 게이머로, 전 대회 3위였던 기욤 선수를 스타 리그 예선에서 꺾고 본선에 진출하면서 메이저 무대에 오를 수 있었어요. 하지만 16강에 오르는 것은 실패했습니다.

그 후 다음 스타 리그에서 전 대회 우승자인 임요환 선수를 꺾고 8강에 진출하며 프로게이머로 데뷔했어요.

2 프로 게임팀의 스카우트 선발, 드래프트에 참가

프로 게임팀에 입단하기 위해서는 다음과 같은 방법이 있다.

가장 일반적인 방법은 공인 대회에서 입상을 하여 준프로게이머 자격을 취득한 후 드래프트에 참가하는 방법이다.

다른 방법으로는 대회 입상 등을 통하여 자신의 실력을 입증하고, 이를 프로 게임팀에서 인정한 경우 스카우트를 통해 프로 게임팀에 입단이 가능하다.

톡(Talk)!
박정석
프로 게임팀 감독

스타크래프트는 드래프트 제도를 통해 신인을 선발했어요. 그렇게 발굴된 신인들은 밑바닥 시절부터 프로게이머인 선배들에게 배우면서 완벽하게 적응한 후에 프로게이머로 활약합니다. 또 임요환이나 홍진호처럼 신인 선수들이 꿈을 키울만한 롤 모델이 많았어요. 대표적으로는 아직도 현역에서 뛰고 있는 이영호가 있어요.

LOL은 스카우트로 선발합니다. 아마추어 시절에 솔로 랭크에서 유명해지면 프로팀에서 스카우트를 해요. LOL이라는 게임 자체가 2년 만에 폭발적인 성장을 했기 때문에 신인 선수들은 선발이 되고, 바로 데뷔를 하면 보고 배울 선배가 거의 없기 때문에 시스템에 적응하는 데 시간이 걸리지요.

스타크래프트에 비하면 LOL 프로게이머들의 선수 생활이 짧은데 이것은 게임 방식 때문인 것 같아요. 스타크래프트는 혼자 게임을 하지만, LOL은 5명이 함께하는 팀플레이니 본인의 경력과는 상관없이 메타에 적응 못하면 스스로 그만 둘 수밖에 없어요. 스타크래프트는 긴 호흡의 프로 리그로 진행돼 선수들이 오래 활동할 수 있었어요. 한 라운드에서 부진해도 다음 라운드에서 반등할 기회가 있고 또 많은 경기 수가 보장돼 팬들에게도 잊혀지지 않았어요. 하지만, 롤챔스는 시즌제로 운영되니까 조기에 탈락하면 그 선수들은 '시즌 오프'가 되고, 스스로 선수 생활은 끝났다는 심리적인 압박감도 상당해 팀을 옮기거나 나가기도 합니다.

3 소양 교육

공인 게임 대회에서 연 2회 이상 입상한 프로게이머 등록 대상자와 준프로게이머로서 프로 게임팀에 지명을 받은 사람에 한해 실시하는 교육이다. 반드시 소양 교육을 이수해야 정식 프로게이머가 될 수 있다.

소양 교육은 공식적으로 인증된 프로게이머라는 자긍심 고취와 프로라는 이름에 걸맞게 일정 수준 이상의 소양 및 자질을 갖추도록 각 분야별 전문가로 구성하여 실시된다.

1년에 2회 정도 실시되며, 교육 기간은 대개 1박 2일 정도이다.

2014년 12월에 (사)한국e스포츠협회가 주최하는 정기 소양 교육이 있었어요. 이번 교육에는 스타크래프트 II, 리그 오브 레전드, 도타2, 아바, 테일즈러너, 철권 등 리그에 참가하는 6개 종목 139명의 프로게이머 선수들이 참석했습니다.

첫 번째 시간에는 '프로 의식과 철저한 자기 관리'라는 주제로 진정한 프로가 되기 위해서 갖추어야 할 것에 대해 교육하였고, 두 번째 시간에는 상금, 연봉, 인센티브 등 다양한 경로의 소득이 발생하는 프로게이머로서 해야 하는 재테크의 기본에 대해 교육했어요. 마지막 시간에는 선수들에게 e스포츠의 역사와 현황을 설명하며, e스포츠를 만들고 발전시켜 나가는 것이 모두 선수들의 노력에 의한 것이므로 e스포츠의 역사를 만들어 나가고 있는 사람들이라는 자부심을 가졌으면 한다는 내용으로 교육을 하였어요.

4 프로게이머 등록

한국e스포츠협회에 정식 프로게이머로 등록이 된다는 것은 정식 직업군으로서 인정받는다는 의미이다.

따라서 대회 등에서 입상으로 인한 상금을 수령할 때 세금 감면의 혜택이 있다. 일반 게이머는 22%의 세금을 공제하는 반면, 프로게이머는 3.3%의 세금만을 공제한다.

그리고 협회 소속 리그사 또는 제3자가 주최 내지 주관하는 프로 게임 리그 및 각종 세계 대회의 참가 자격이 주어지고, 또 협회에서 실시하는 소양 교육을 받을 수 있다.

톡(Talk)!
이재균 행정가

프로게이머 등록은 특별한 이익보다는 일종의 자격증 같은 개념이다.

일반적인 운동선수가 종목에 따라 야구 선수, 축구 선수 등과 같이 구분되듯이, e스포츠 선수들도 스타크래프트 게이머, LoL 게이머 등과 같이 종목 구분이 있습니다. 제가 게임을 시작할 당시만 하더라도 컴퓨터 게임을 하는 것은 결코 직업으로 인정하지 않았던 시절이었는데 지금은 달라요.

프로게이머는 문화체육관광부가 승인한 '프로게이머 등록 제도'에 따라 국가가 인정한 전문 직업군이 되었기 때문입니다. 다시 말해, 운동선수처럼 프로게이머는 온라인상에서 구현되는 전자 게임을 근거로 하여 선수 활동을 수행하는 사람으로 인정한 겁니다. 뿐만 아니라 프로게이머로 공식 등록될 경우 각종 e스포츠 대회 등을 통해 받게 되는 상금에 대해 세금 우대 혜택도 받을 수 있어요. 이제는 하루 종일 컴퓨터 앞에 있어 게임만 한다고 해서 괴기처럼 비경제 활동 인구로만 생각할 수 없는 상황이 되었어요.

2014년 1월 현재 국내에는 300여 명의 사람이 공식적인 프로게이머로 등록되어 활동하고 있고, 프로게이머 지망생 숫자는 통계에 따라 차이는 있지만 2000명 내외로 추정됩니다.

프로게이머란 직업의 좋은 점·힘든 점

| 좋은 점 |

좋아하고 흥미 있는 일을 하게 되었죠.

자신이 가장 좋아하고, 흥미 있는 일을 하면서 돈을 벌 수 있다는 겁니다. 예전에는 공부를 잘하거나 기술을 익혀 취직하는 것만이 직업을 갖는 방법이라고 생각하고 그 틀에 맞춰 살아야 하나 고민을 한 적이 있었어요. 하지만 제가 좋아하는 일을 최선을 다해 하다 보니 제 직업이 되었어요. 이젠 프로게이머가 하나의 직업으로 인정받았고요.

| 좋은 점 |

게임을 통해 일을 하는 거라 해외에 나가도 외국어에 대한 부담감이 크지 않아요.

물론 영어, 중국어 등 외국어를 잘하면 좋지요. 그런데 게이머들은 사람과 만나 대화를 하거나 서류 작성을 하는 것보다 온라인상에서 게임 종목과 용어, 룰을 정해 일을 하기 때문에 해외에 나가 일하더라도 외국어 구사에 대한 부담감이 크지 않아요. 하하. 한마디로 게임을 잘하고 인간관계를 원만하게 할 수 있다면 크게 문제될 것이 없어요.

| 좋은 점 |

팬들의 진심 어린 관심이 힘이 됩니다.

선수에게는 성적과 연봉도 중요하지만 우승했을 때 그 기쁨을 함께 나눌 수 있는 팬도 중요해요. 경기가 잘 풀리거나 풀리지 않거나 게임이 끝나면 팬들의 칭찬과 격려가 기다려져요. 가장 큰 에너지원이에요. 팬이 있으니 더욱 열심히 하게 되고, 팬의 위로가 저를 다시 컴퓨터 앞으로 앉게 해 주지요.

톡(Talk)!
임태주
e스포츠 방송국 기획자

| 좋은 점 |

e스포츠 산업에 대한 전망이 밝은 편입니다.

초창기 인터넷의 확산과 스타크래프트라는 인기 게임의 영향으로 국내 e스포츠는 지난 10년간 게임 대회 개최와 게임 방송 출범 등 발전을 거듭하며 문화 콘텐츠 산업의 큰 축으로 성장했어요. 앞으로도 e스포츠 산업 전반에서 각종 게임 내회 개최와 리그의 활성화로 입상자가 늘어남에 따라 프로게이머 자격을 갖춘 사람이 증가하고, 새로운 게임 종목 등장에 따라 프로게이머 수요도 증가할 겁니다.

| 좋은 점 |

외국으로 진출하는 선수들이 늘어나고 있어요.

최근에는 중국이나 북미로 진출하는 한국 선수들이 늘어나고 있어요. 특히 중국은 막대한 자본을 바탕으로 앞다퉈 한국의 LoL 선수들을 영입하는 데 열을 올리고 있죠. 우리나라가 e스포츠의 종주국이다 보니 인적 자원이 풍부하잖아요. 그래서 외국 기업들이 한국 선수들에게 주목하고 있어요. 예전에는 LoL컵 참가권을 따내고 우승하려면 최상의 실력을 갖춘 한국에 있는 것이 유리하다고 생각해 한국 잔류를 고민했지만, 최근 중국과 북미로 진출한 한국 선수들이 좋은 성적을 내고 있어요.

선수들이 외국으로 진출하는 이유는 3가지 정도예요. 첫 번째는 프로 선수들의 가치를 판단하는 척도인 금전적인 부분이고, 두 번째는 계약 기간이 한국보다 조금 더 길어요. 세 번째는 영어나 중국어 등의 외국어를 배울 수 있다는 점입니다.

| 힘든 점 |

시간이 없어 연애하기가 어려워요.

선수들을 보면, 빠듯한 일정으로 합숙 훈련을 하느라 연애할 기회가 별로 없어요. 사람들은 사회 생활하면서 인연을 만날 기회가 생기는데 저희는 남자들끼리만 생활하다 보니 더욱 연애하기가 어렵고요. 하하. 젊은 선수들이 연애할 힘까지 게임에 쏟나 봐요.

| 힘든 점 |

경기의 승패에 따라 스트레스가 심해요.

프로게이머는 능력과 성과로만 말하는 직업이라 할 수 있어요. 얼마 전 직업능력개발원이 발표한 직업별 스트레스 순위에서도 가장 스트레스가 많은 직업 중 방송 프로듀서, 외환 딜러 등과 함께 프로게이머가 포함되어 있다는 사실만 보더라도 승률 등의 성과에 대한 프로게이머의 스트레스가 어느 정도인지 가늠할 수 있을 겁니다.

| 힘든 점 |

직업 수명이 짧은 편이에요.

게임은 경쟁이 너무나 치열합니다. 경쟁에서 살아남으면 큰 보수가 따르지만 반대로 이기지 못하면 아주 낮은 경우가 대부분입니다. 제가 활동했던 1세대와는 달리 지금은 좀 나아졌지만 지금도 소속 기업에 따라 크게 달라지죠.

프로게이머 100명 중 5명만 살아남고 나머지는 프로게이머였는지도 모른 채 잊혀지기도 해요.

톡(Talk)!
박정석
프로 게임팀 감독

| 힘든 점 |

장시간 앉아서 일하니 근골격 질환으로 고생해요.

저도 한동안 목디스크로 고생했고, 그로 인해 슬럼프에 빠지기도 했어요. 프로게이머는 하루에 거의 8시간 이상을 게임 연습에 매달려요. 중간중간 쉬는 시간을 빼더라도, 말이 8시간이지 컴퓨터 앞에 앉아 지속적으로 게임 연습을 한다는 것은 힘든 일이에요. 그러다 보니 어깨 통증, 요통, 디스크와도 같은 질병에 쉽게 걸려요. 신체 활동량이 적어 근육이 약화되거나 컴퓨터 사용과 관련된 같은 움직임이 반복되어 자세가 좋지 않기 때문이에요. 컨디션과 경기력을 저하시켜 나쁜 성적으로 반영되기도 하고, 지속적인 만성 통증으로 선수 생명을 낮추는 결과를 만들기도 해요.

톡(Talk)!
박태민
프로 게임 해설자

| 힘든 점 |

은퇴 후 경력을 활용할 일자리가 부족해요.

e스포츠의 역사가 짧다 보니 관련 산업의 직업들이 안정된 자리를 찾지 못한 부분이 있어요. 선수들이 은퇴를 하면 프로 게임팀 감독이나 코치, 게임 방송국의 해설자, 관련 협회의 행정직 등으로 전직하는 경우가 있지만 수요가 많지 않고 체계도 잡혀 있지 않아 은퇴 후를 걱정하는 후배들도 있어요. 그래서 저는 선배로서 책임감을 느껴요. 제가 길을 잘 닦아서 후배들은 다양한 진로를 선택할 수 있도록 도와주고 싶어요.

프로게이머가 되기 위한 교육 과정

프로게이머가 되기 위해 특별히 요구되는 학력 사항은 없다. 전문대학 및 대학에 설치된 컴퓨터 게임 관련 학과를 진학하면 보다 전문적인 지식을 쌓을 수 있다.

인터넷 게임 전략을 가르치는 사설 학원에서 기술 교육이나 훈련을 받기도 한다.

• 출처 : 한국직업능력개발원 직업 사전

프로게이머 대학 진학

프로게이머라고 하여서 대학 진학 때 무조건 가산점이 붙거나 특례 입학이 가능한 것은 아니다. 다만, 학교나 과에 따라서 가산점이 붙는 경우도 있다. 이와 같은 경우는 학교마다 자체적인 기준에 의하여 선발하는 것이기 때문에 일률적으로 어떻다고 설명하기는 힘들다. 다만, 대학마다 모집 요강 등이 나오는데, 그러한 내용들을 잘 살펴 가산점이 붙거나 특례 입학이 가능한 곳에 지원해야 한다. 특정 대학교에서 프로게이머 추천을 요청해 오는 경우도 있어 특례 입학이 가능한 경우도 있다. 이 경우를 통해 입학하면 다양한 장학금 혜택을 받을 수도 있다.

중앙대학교 e스포츠 특기자 전형 신설

2014년 3월 13일 자

중앙대학교 'e스포츠 특기 전형'은 중앙대학교 입학처 홈페이지 '2015학년도 기본 계획'을 통해 확인할 수 있다. 모집 학부는 '스포츠과학부'로, 전형 방법은 적성 실기 20%, 수상 실적 80%로 이뤄지며 수능 최저 학력 기준은 없다. 한국e스포츠협회 회장은 "단순히 e스포츠 특기 전형 신설로 끝나는 것이 아니라 e스포츠 전문 인력 육성을 위한 다양한 장학금 사업을 신설하는 등 협회가 보다 적극적으로 인재 양성에 투자해 나 갈 것"이라고 약속했다. 〈중략〉 선수를 꿈꾸던 학생들에겐 자신의 꿈에 대한 확신을, 선수들에게는 선수 생 활 이후의 삶을 좀 더 안정적으로 그려 볼 수 있는 기회로 다가올 이번 e스포츠 특기자 전형 신설은 e스포츠 가 더 이상 게임이라는 이름만으로 경시될 분야가 아니라는 것을 공고히 하는 계기가 되었다.

• 출처 : 한국e스포츠협회

e스포츠 산업의 잡맵(Job-Map)

방송국 ● 하는 일 : 게임 제작 회사와 프로 게임팀, 후원사, 협회 등과 의견을 조율하여 게임 대회를 기획하고 방송한다. 다시 말해, 대회 규모와 일정, 게임의 진행 방식, 선수단 섭외, 운영 자금과 상금 등의 조달, 원활한 대회 진행을 위한 관련 기관에 협조 요청 등 게임 대회를 기획·진행한다. 또 대중들이 즐기는 게임에서 보는 게임으로 재미있게 시청할 수 있도록 콘텐츠화하여 인터넷과 모바일 등으로 방송하는 역할을 한다.
● 소속 직업 : 방송 PD, 게임 캐스터, 게임 해설자
● 우리나라 게임 전문 방송 채널 : 온게임넷, 곰 TV 등

프로 게임팀 ● 하는 일 : 게임 감독, 팀원들과 함께 전략 시뮬레이션, 롤플레잉, 액션 게임, 온라인 게임 등 컴퓨터 게임에 대한 기술 및 전략을 익히고 연습하여, 우승 상금 획득을 목표로 각종 공인 게임 대회에 참가한다. 후원사의 홍보팀으로의 역할도 한다.
● 소속 직업 : 프로 게임팀 감독, 프로 게임팀 코치, 프로게이머, 트레이너

후원사(스폰서) ● 하는 일 : 스포츠를 활용하는 마케팅은 스포츠가 마케팅의 수단이 되고, 기업 상품이나 기업 자체의 이미지가 마케팅의 대상이 되는 것을 말한다. 즉, 각 선수에 대한 스폰서 및 후원, 각종 대회 지원을 하며 기업의 이미지나 브랜드를 소비자가 긍정적으로 인식하게 만드는 행위이다. 스포츠는 단순히 오락적인 역할에만 한정되어 있지 않고, 기업의 가치를 제고시키며 수익을 창출하는 새로운 마케팅 커뮤니케이션의 도구로 활용되고 있다. 후원사는 스포츠 마케팅을 통해 선수의 자금력을 확보해 주고 선수는 재정적 부담 없이 운동에 전념할 수 있는 토대를 마련하는 역할을 한다.

한국e스포츠협회 ● 하는 일 : 문화체육관광부와 협업하여 e스포츠 전반에 대한 중·장기적인 정책 방향을 수립, e스포츠를 정식 체육 종목으로 만들기, e스포츠가 건전한 문화로 자리 잡도록 이벤트 개최, e스포츠의 대중화와 e스포츠 콘텐츠 강화를 위한 노력, 프로 e스포츠 대회 운영, 게임팀과 프로게이머들의 권익 보호를 위한 노력 등 e스포츠 산업에 대한 전반적인 일을 한다.

- 소속 직업 : 경기위원, 행정 직원 등
- 그 외 관련 협회 : e스포츠 연맹(eSF), 대한장애인e스포츠연맹(KeSA), e스포츠세계연맹 등

게임 회사 ● 하는 일 : 게임의 기획·예산·제작에서부터 마케팅까지 게임 개발의 전반적인 업무를 한다. 상품성 있는 게임을 기획하고, 상품화가 결정되면 게임 제작의 일정, 제작 예산 등을 총괄한다. 게임 시나리오 작가, 게임 프로그래머, 게임 그래픽 디자이너, 게임 음악가 등 필요한 인원을 구성한다. 게임 제작의 전반적인 요소들을 정리하고 연출한다. 게임 제작 진행 과정을 보고 마감 시기를 놓치지 않도록 팀원 간 업무를 조율한다. 게임 제작이 진행되는 동안 게임 마케터와 함께 마케팅과 홍보에 대한 전략을 수립한다.

- 소속 직업 : 게임 기획자, 게임 시나리오 작가, 게임 마케터, 게임 운영자, 게임 사운드 크리에이터, 게임 프로그래머, 게임 그래픽 디자이너 등

e스포츠 에이전트 ● 하는 일 : 스포츠 에이전트는 선수의 연봉 협상, 이적, 라이센싱 뿐만 아니라 재무 관리, 법률 자문, 재테크 등에 이르기까지 활동 범위를 넓혀 선수들이 운동에만 집중할 수 있는 환경을 만들어 준다.

- 소속 직업 : 매니저, 스카우터 등

CHAPTER
|2|

프로게이머의

생생
경험담

전직
프로게이머,
방송인
홍진호

원광대학교
디지털미디어학과
졸업

> KTF 매직엔스
소속 선수

> 대한민국
공군 ACE
소속 선수

프로 게임팀
감독
박정석

원광디지털대
학교 게임기획
학과 졸업

> 한빛스타즈
소속 선수

> KTF 매직엔스
소속 선수

e스포츠
방송국
기획자
임태주

서울시립대학교
도시행정학과
졸업

> 세종대학교 대학원
게임학 석사
<u>스포츠조선 기자</u>

> ㈜ 그래텍 곰TV
총괄 제작 국장,
마케팅 본부 이사

한국e스포츠협회
(KeSPA) 행정가
이재균

서울사이버대학교
게임애니메이션학과 졸업

> 한빛 스타즈 감독

게임 해설자
박태민

아주대학교 미디어학과 졸업

> CJ 엔투스
소속 선수

KT 롤스터 소속 선수 > 제닉스 스톰 감독 > 현) 방송인, 콩두컴퍼니 대표

 대한민국 공군 ACE 소속 선수 > KT 롤스터 소속 선수 > 현) 나진e엠파이어 감독

 ㈜ 시티미디어 (시티신문사) 편집국장, 이사 > 현) 온게임넷 e스포츠 총괄 국장

제1회 월드사이버게임즈 (WCG) 국가대표 감독 > 웅진 스타즈 감독 > 현) 한국e스포츠협회 경기위원회 위원장

SK텔레콤 T1팀 소속 선수 > 대한민국 공군 ACE 소속 선수 > 현) 온게임넷 해설위원

전직 프로게이머이자 현재 방송인 홍진호가 컴퓨터 게임과 인연을 맺은 건 1998년 동네 PC방에서 스타크래프트를 처음 접하면서였다. 그 이후 승부욕과 근성으로 동네 대회를 휩쓸다가 고등학교 3학년이던 2000년 전국 대회에서 처음 준우승을 하며 프로게이머 생활을 시작하게 되었다.

폭풍 저그, 별명이 말해 주듯 그의 공격적이고 저돌적인 스타일은 팬들의 눈에 띄었고 당대 최고의 선수들과의 대결은 e스포츠의 성장기를 이끈 흥행 카드였다. 10년 넘게 프로게이머로 살며 22번의 준우승을 하였고, 영원한 2인자, 모두가 기억하는 2등이 되었다.

2011년 은퇴 후 현재 그는 공중파와 케이블 방송 등에서 활약하며 방송인으로 변신하는 데 성공하였으며, 게임 관련 전문 회사를 설립해 여전히 게임을 즐기며 생활하고 있다.

전직 프로게이머, 방송인 홍진호

- 현) 방송인, 콩두컴퍼니 대표
- 제닉스 스톰 감독
- KT 롤스터 소속 선수
- 대한민국 공군 ACE 소속 선수
- KTF 매직엔스 소속 선수
- 원광대학교 디지털미디어학과 졸업

e스포츠 전문가의 스케줄

홍진호
전직 프로게이머,
방송인의
하루

22:00 ~
▶ 다음날 촬영 및 방송 대본 읽기

07:00 ~ 08:00
▶ 기상 및 아침 식사

20:00 ~ 22:00
▶ 게임 프로그램 시청 및
평가 분석

08:00 ~ 09:00
▶ 헤어 메이크업하기

13:00 ~ 20:00
▶ 예능 프로그램 촬영

09:00 ~ 12:00
▶ 오전 방송 녹화
12:00 ~ 13:00
▶ 이동 중 차에서 식사

연예인이
되고 싶었던
학창 시절

Question 어린 시절의 모습은 어떠했나요?

친구들과 노는 것을 좋아해 밖에서 축구를 하거나 오락실로 몰려 가 게임을 했어요. 그때도 게임은 잘했던 거 같아요. 오락실에서 조이스틱을 돌리며 하던 '원더보이', '마계촌' 등의 게임은 100원짜리 동전 하나로 1시간을 거뜬히 즐길 수 있었으니까요. 제 친구들은 고작 10분 정도였는데 말이죠. 그러다가 게임을 하는 동아리에도 가입한 적이 있고요.

Question 장래 희망은 무엇이었나요?

TV에 나오는 사람들이 멋있어 보여서, 남들에게 주목받는 게 좋아서 막연히 연예인이 되고 싶었어요. 자주 노래방에 다니며 진지하게 노래 연습도 했어요. 그런데 댄스 동아리에 들어갔다가 제가 몸치라는 것만 확인하고 그만 두었어요. 하하.

프로게이머도 사람들에게 주목을 받는 직업이잖아요. 그리고 지금은 방송을 하고 있고요. 제가 좋아하고 잘하는 요소들이 여러 가지 있다 보니 어릴 때 장래 희망을 이루었다고 생각해야겠지요.

Question 부모님이 바라는 직업은 무엇이었나요?

어머니는 제 의견을 존중해 주시고, 제 결정에 따라 행동하게 자유롭게 놔두시는 편이었어요. 말씀은 안하셨지만, 둘째인 저보다 형에 대한 기대가 컸고, 저는 빨리 기술을 배워 취직하기를 바라셨던 거 같아요.

그 덕분에 전 제가 하고 싶은 게임에 더 몰두할 수 있었어요. 다른 게이머들의 이야기를 들어 보면 어머니의 극심한 반대로 마음 고생한 친구들도 많았더라고요.

자신의 강점은 무엇이라고 생각하나요?

　최고의 장점은 자신감이에요. 무엇을 하든지 자신 있게 해요. 100%의 자신감을 가지고 하면, 그 일의 50%는 이기고 시작하는 거라고 생각해요. 자신감이 있으면 긍정적이 되고 더 적극적으로 되더라고요. 전 '無계획론자'이기 때문에 무엇을 선택하든 스스로 '옳은 길을 선택했다.'고 생각하고 달려갑니다.

　또, 승부욕이 강해요. 제가 꼭 하고 싶은 일, 좋아하는 일, 잘한다고 생각하는 일에서는 남들에게 뒤지고 싶지 않아요. 게임이나 퀴즈 풀기 등은 제가 자신 있는 일이기 때문에 기대했던 것에 못 미치거나 지게 되면 '왜 그랬을까?'라는 생각이 하루 종일 머릿속을 맴돌아요. 한 순간의 선택이 승패를 판가름하는 데 크게 작용하기 때문에 그 선택의 순간이 잊혀지지 않으면서 '다음엔 절대 그런 실수를 말자.'고 반성하고 다짐하죠.

Question **멘토는 누구세요?**

　부모님입니다. 아버지께서는 일찍 돌아가셨지만, 어린 시절부터 어머니로부터 엄하게 가정교육을 받았던 것과 독립적으로 생활한 것이 이후 서울에 올라와 혼자 사회 생활하는 데 큰 힘이 된 것 같아요.

폭풍저그,
모두가
기억 하는
2등

어릴 때부터 게임을 워낙 좋아했어요. 고등학교 1학년 때 동네에 처음 생긴 PC방에 갔다가 스타크래프트라는 게임을 처음 접했는데 말할 수 없이 재미있는 거예요. 예전 오락실에서 하던 오락기와 컴퓨터로 하던 게임은 기계와 겨루는 거였지만, 스타크래프트는 사람 대 사람이 대결을 하니까 너무 재미있는 거예요. 팀플레이를 하는 것도 신기했고요.

사람들과 같이 어울려 게임하는 것이 좋아 자주 하다 보니 자연스레 실력이 늘더라고요. 그즈음 전국적으로 스타크래프트 열풍이 불었어요. 동네 PC방 대회를 휩쓸다 보니 지역 대회에서 유명해졌고, 급기야 전국 대회로 진출하게 되었어요. 그러다가 고등학고 3학년 때 청오정보통신 NETEL배 전국 팀플 대회에서 처음 준우승을 하게 되었어요. 이것이 게임을 좋아하던 학생에서 프로게이머로 변모하게 된 계기였어요.

전국 대회로 나가 활동하던 고등학교 3학년 때 프로 게임팀에서 스카우트 제의를 받고서야 프로팀이 있다는 것도 알게 됐어요. 그때부터 진지하게 내가 좋아하는 일이 직업도 될 수 있고, 단순한 놀이가 아니라 가치 있는 일로 만들 수도 있겠다는 생각을 하게 되었어요. 그래서 고등학교를 졸업하고 바로 서울로 올라와서 프로 게임팀에 입단하고 활동을 시작했죠.

생생 tip

스타크래프트 : 1998년 미국의 벤처 기업 블리자드(Blizzard)에서 출시한 전략 시뮬레이션 게임으로, 특성이 다른 3종족, 테란, 프로토스, 저그가 우주의 지배권을 놓고 싸움을 벌이는 게임이다. 수많은 전술, 인터넷을 이용한 대전 방식으로 세계적으로 인기가 높았다. 한국에서 특히 인기가 높아 PC방이 전국적으로 유행하는 데에 일조하였으며, 프로 게임 대회의 출범, e스포츠의 시초가 되었다.

• 출처: 두산 백과

프로게이머라는 직업에 대한 가족들의
반응은 어떠했나요?

반대가 심했어요. 그저 즐기는 것은 괜찮지만 직업으로 삼기에는 불안정하다는 게 큰 이유였어요. 지금은 좀 나아졌지만 그때만 하더라도 게임에 대한 사회적인 인식이 좋지 않았거든요. 중학교 때까지는 공부는 잘하는 편이었는데 고등학교 진학을 두고 진로에 대해 고민을 하게 되더라고요. 공부는 정말 하기 싫으니 공업 고등학교에 진학해서 기술을 배우고 무언가 만드는 직업을 가져야겠다고 결정했어요.

그런 상황에서 게임에 몰두하다 보니 어머니의 반대가 심했어요. 저도 제 고집대로 가족들 몰래 게임 대회에 나가는 일이 여러 번이었고, 게임하는 것이 직업이 되어 돈을 벌 수 있다는 것을 보여드려야겠다고 생각했어요.

그러다가 전국 대회에 나가서 준우승을 했어요. 상금 500만 원과 상패, 언론 기사를 스크랩해서 어머니께 드리며 처음으로 진지하게 이야기했어요.

"1년만 시간을 주세요. 1년간 열심히 해 보고 성과가 나타나지 않으면 그만 내려놓고 군대에 가겠습니다. 제가 정말 하고 싶은 일이에요." 무작정 두서없이 이야기하면 혼만 날 것 같아 어머니와의 협상을 통해 허락을 받았어요. 물론 저도 프로게이머라는 직업의 불안정성 때문에 고민이 있었어요. 그래서 스스로 1년이라는 시간제한을 둔 거지요.

Question 불안정한 직업이라고 생각하면서도
도전하게 된 이유는 무엇인가요?

"실패해도 좋으니 최선을 다해 해 보고 싶다.'"
무조건 성공해야겠다는 생각보다는 어린 나이에 시작하는 일이고, 생긴지 얼마 안 된 분야이니 실패할 수도 있겠다는 마음의 준비가 있었어요. 하지만 중요한 건 내가 하고 싶다는 거예요. 오히려 불안정한 상황에서 내가 길을 만들고 틀을 다듬을 수 있다는 것이 매력적으로 느껴졌어요.

여전히 그렇지만, 저는 안전하고 평탄해 보이는 길보다는 도전적이고 스릴이 있고 위태한 길을 좋아해요. 위험한 곳에서 떨어지지 않으려면 죽을 듯이 노력해야 한다는 생각이 들어 동기 부여가 되고 제 자신을 채찍질하게 되더라고요. 그렇게 노력하는 제 자신을 보면서 대견스럽기도 하고요.

 ### 1년 만에 성과를 낸 후 가족들의 반응은 어떠했나요?

매번 4강 이상에 오르다 보니 어머니도 좋아해 주셨어요. 게임 방송이지만 TV에 나오기도 하고, 또 해설자들이 저에 대한 설명을 워낙 좋게 해 주셔서 어머니도 기분이 좋으셨나 봐요. 결승전은 서울에 올라와 직접 관람을 하시기도 했어요.

프로게이머를 시작하는 것도 중요하지만 일을 하면서도 남들보다 잘 하고 있다는 걸 보여 드려야 어머님이 안심하실 거라고 생각해서 열심히 했죠.

 ### 주 종목은 어떻게 결정하시나요?

기본적으로 공식 대회에 올릴 수 있고, 프로페셔널함을 적용시킬 수 있는 게임의 종류는 한정되어 있습니다. 또, 저에게 잘 맞고, 잘할 수 있는 게임이 있습니다. 이 두 가지를 고려하여 종목을 선택합니다.

연습은 어느 정도로 하셨나요?

게임은 당연히 재미있어서 하는 거지만, 직업이 되는 순간부터 더불어 책임감과 의무감도 생기더라고요. 연습을 무작정 많이 하는 것이 좋은 게 아닌 걸 알면서도 밤을 새서 하기 일쑤였어요. 그러다 보면 게임을 하다가 앉은 채로 잠든 적도 있어요. 눈 떠 보면 이미 진 채로 게임 끝나있고요. 하하.

Question 모두가 기억하는 2등이라고 하는데, 22회의 준우승을 하며 한계를 느끼지는 않으셨나요?

저의 가장 큰 장점 중 하나가 긍정적으로 생각한다는 거예요. 어린 시절부터 '최고보다는 최선을 다하자.'라는 생각을 갖고 있어요. 스스로에게 떳떳하면 되는 거죠. 팬들에게도 항상 '이기는 모습보다는 최선을 다하는 모습을 보여 드리겠다.'고 말해요. '결과가 우승이 아니어도 내가 최선을 다했다면 나에게는 우승만큼의 값어치가 있다.' 라는 생각이 가장 큰 힘이 돼요.

처음에 사람들이 '준우승의 제왕'이라고 부르니 어린 마음에 상처도 많이 받았어요. 하나의 경기를 졌다고 모두 끝난 것도 아니고 더 올라갈 수 있는데, 다른 사람들이 내 한계를 정해 주는 것 같은 느낌이 들어서 힘들기도 했어요.

Question 테란의 황제 임요환과의 대결은 최고의 흥행 카드였는데, 기억에 남는 명승부가 있나요?

제가 경기를 많이 했잖아요. 주위 사람들은 제가 진 게임들이 대부분 명승부였다고 그래요. 다 역전패 당한 거요. 역전을 자주 당하다 보니까…….

그러나 제 입장에서는 게임 내용이 아니라, 제가 이긴 경기가 명승부잖아요. 공군 복무 시절에 김택용 선수와의 경기, 이름하여 '620 대첩'이 명승부였다고 기억해요. 입대 후에 1승도 거두지 못하고 있었는데, 그 당시 최고 토스 선수였던 김택용을 상대로 이겼어요. 2년 넘게 공식 승리가 없었는데 제 특유의 뒤도 안 돌아보는 공격 스타일로로 얻은 승리였어요. 그때 제 우승에 감격해 우는 팬들도 있었어요. 어떤 분이 그랬어요. "누가 99번 승리하면 뭐하냐. 홍진호가 1번 승리하면 다들 이렇게 좋아하는데. 이런 게 전설이지."라고요. 저는 이 얘기가 너무 마음에 와 닿았고, 제게 큰 힘이 되었어요.

 프로게이머로서 가장 행복한 때는 언제였나요?

당연히 우승했을 때겠죠. 반면, 힘듦과 행복이 공존할 때도 있어요. 대회 마치고 성적이 안 나와 힘들고 좌절해 있을 때도 경기가 끝나면 항상 팬들과 5~10분 팬 미팅을 했는데, 대회까지 찾아와서 응원해 주시는 팬들을 보면 힘든 상황을 잠시 잊게 되더라고요. 저에게는 팬이 생겼다는 자체가 가장 놀라운 일이었어요. 단지 내가 좋아서 게임을 했을 뿐인데, '나를 이렇게 좋아해 주는 사람들이 있구나.'라는 생각에 슬럼프가 와도 '팬들을 실망시키지 말자.'는 생각이 넘어져도 항상 일으켜 세워 줬던 것 같아요.

팬 분들은 저의 가장 큰 원동력이었어요. 은퇴 후 제가 활동을 하지 않으니 팬들도 연락이 없더라고요. 조금 서운했지만 자연스러운 현상이라고 생각했어요. 그런데 신기한 것이 근래에 방송을 시작하니 예전 팬 분들도 다시 찾아 주시더라고요. 결혼을 해서 아이를 데리고 오신 분들을 보면 세월이 많이 지났다는 것을 실감하게 되더라고요. 또 팬들끼리 친해져서 따로 만나 친분을 쌓고 있는 것을 보면 긍정적인 에너지를 받아요.

팬 분들과 편하게 연락하고 지내요. 팬클럽 운영자 중 한 분이 자신의 결혼식에 사회를 봐 달라고 하시더라고요. '말을 잘하는 것도 아닌데 사회라니!' 라는 생각에 망설였지만, 그래도 뜻 깊은 인연이기에 난생 처음으로 결혼식 사회도 봤네요. 이처럼 단순히 선수와 팬이 아니라 사람과 사람으로 인연을 이어 간다는 게 좋아요.

프로게이머를 하며 힘든 일은 어떤 것들이 있었나요?

자신 있게 프로게이머 일에 뛰어 들었는데 생각만큼 성적이 나오지 않을 때가 가장 힘들었어요.

또 팀을 이적할 때 기업-선수 간, 매니저-선수 간의 계약서를 써야 하는데, 그 당시 제가 어리다 보니 그런 계약 관계를 잘 몰랐어요. 그 때만 해도 e스포츠 산업의 체계가 잡혀 있지 않아서 선수를 상대로 불공정 거래가 있었고, 저도 경험했어요. 그때는 상처를 크게 받아서 이 직업을 포기하고 집으로 돌아가고 싶다는 생각도 들었어요.

Question 소득은 어느 정도인가요?

게이머의 연봉은 대회 성적에 따라 다르게 책정되는데, 프로게이머로서 저는 상위에 있었기 때문에 가장 많이 받았던 연봉이 1억2천만 원이었어요. 점점 규모가 커져서 후발주자들은 2억 원 정도도 받더라고요. 1세대 때는 워낙 붐이 일어서 연봉 이외에 대회 상금과 대학교 자체 게임 대회나 사인회 등의 행사도 많았어요.

Question 프로게이머가 되고 회의감이 든 적이 있으신가요?

프로게이머를 선택한 것에 회의감이 든 적은 한 번도 없었어요. 내가 좋아하는 일을 하고 있는 게 즐거웠고 자부심을 느꼈어요. 누구나 전공 분야가 있지만 전공을 살려 직업을 갖는 사람이 많지 않을 뿐더러, 정말로 하고 싶은 일을 하는 사람도 많지 않은 것 같아요.

이에 비하면 저는 하고 싶은 일을 선택해서 꾸준히 해왔기 때문에 프로게이머가 된 것은 정말 잘한 일이라고 생각해요. 만약 중간에 그만 뒀다 하더라도 시작한 것에 대해서는 후회하지 않았을 것 같아요.

프로게이머라는 직업을 갖고 관련 대학을 다닌 이유가 있나요?

프로게이머로 익힌 게임 관련 지식을 보다 확장시켜 공부해 보고 싶어서 원광디지털대학교 게임기획과에 들어갔어요. 그런데 온라인 수업의 특성상 이해되지 않는 부분을 그때그때 질문할 수도 없고, 강제성이 없다 보니 공부에 소홀하게 되더라고요. 그래서 공부를 많이 하진 못했어요.

Question 프로게이머를 꿈꾸는 학생들에게 조언해 준다면?

프로게이머가 되고 싶은 친구들이 있다면, 재능보다는 정말로 하고 싶은 일인지를 고민해 보라고 말하고 싶어요. 재능은 선천적으로 가질 수도 있겠지만 없다면 노력하여 만들면 돼요. 하지만 학창 시절의 1~2년은 평생 살아가는 데 필요한 진로의 밑바탕이 되는 중요한 시기인 만큼 신중해야 한다고 생각해요.

단순히 게임이 하고 싶어서 프로게이머가 되겠다고 쉽고 막연하게 접근하기 보다는 뚜렷한 목표를 세워야 합니다. 프로게이머가 되기 위해 어떤 대회에 나가서 어떻게 입상을 할 것인지, 언제까지 성과를 낼 것인지, 그 다음 단계는 무엇인지 순차적으로 목표를 세워야 합니다.

제가 했던 것처럼 시간적 제한을 두는 것도 좋은 방법이에요. 사실 프로게이머라는 직업을 1년만 해 보면 계속할 수 있을지 가늠할 수 있거든요. 1년의 제한시간을 두고 원하는 만큼 되지 않으면 이후에는 포기할 줄도 아는 결단력이 필요한 것 같아요.

방송인이 되어
게임을 즐기다

Question 프로게이머를 은퇴한 이유는 무엇인가요?

가장 큰 이유는 실력이죠. 스스로 실력이 뒤쳐졌다고 느꼈어요. 공군 ACE로 군 복무 기간 동안 열심히 해서 제2의 전성기가 온다면 지속하고, 그렇지 않으면 은퇴하자고 생각했어요. 배수진을 친 거죠. 그 결과는 잘하지도, 못하지도 않은 정도였어요. 스스로 더 이상 결승이나 파이널에 올라가기는 힘들겠다는 판단이 들었죠.

제대 후 얼마 동안은 팀에 소속되어 있었는데, 감독님이 저 보다는 비전이 있는 신인을 경기에 내보내는 모습을 보며 자존심도 상하고 상처가 되기도 했어요. 그렇게 10년간의 선수 생활을 마감했어요.

생생 tip

공군 ACE : 공군의 스타크래프트 프로 게임팀으로, 군사용 시뮬레이션인 워게임 프로그램 개발 테스터 등으로 활동했다. (2014년 3월 공식 해체)

배수진 : 조나라 한신이 사용한 전술로, 사지에 집어넣으면 죽기를 각오하고 싸우므로 살아난다는 병법 원리이다.

Question 은퇴 후 1년간의 휴식, 어떻게 보내셨나요?

게이머를 하며 쉰 적이 없었기 때문에 하고 싶은 대로 푹 쉬었어요. 게임도 하고, 이 곳 저 곳을 많이 돌아다녔어요. 선수로 숙소 생활을 할 때에는 지방 행사 목적 외에는 다닌 적이 거의 없었거든요. 전국 곳곳에 있는 친분이 있는 게이머들을 만나러 다니기도 하고 최대한 생각을 하지 않은 채 휴식을 취했어요.

Question 이후 프로 게임팀 감독으로 활동하신 계기는
무엇인가요?

지인을 통해서 감독 요청이 들어왔어요. 거의 무보수로 후배들을 돕는 정도로 시작했는데 리그 오브 레전드(League of Legends, LoL)라는 게임을 키워 나가던 시점이라 생각보다 오래 하게 됐네요.

사실 휴식할 때까지도 감독을 하겠다는 생각은 없었어요. 저는 늘 계획을 세우고 행동하는 성격이 아니에요. 그때그때 상황에 맞게 판단하는 걸 좋아해요. 그러면 매순간마다 판단을 해야 하는 것이 재밌어요. '십 수년 정도 게임을 했으니 이제 다른 분야로 가 볼까?', '프로포커플레이어를 해 볼까?' 등의 생각도 하며 열린 마음이었어요. 아직은 감독보다는 선수에 어울리는 사람이라고 생각했어요. 공격적 성향이라 감독으로 뒤에서 지켜보고 누군가를 성장시키는 것보다는, 내가 주인공이 되어 무언가를 더 만들고 싶은 욕심이 있었어요. 감독은 보다 진정성을 갖고 접근할 수 있는 시기가 있다고 생각해요.

저는 스스로 하고 싶은 게 무엇인지를 항상 생각하고 따르려고 합니다. 어떤 일을 하든 내가 하고 싶은 것을 해야 성공할 수 있다고 생각해서예요. 누구나 하고 싶은 게 무엇일지 생각하지만 그게 뭔지 잘 모르는 경우도 많죠.

생생 tip

리그 오브 레전드(League of Legends, LoL) : 라이엇 게임즈에서 개발, 서비스하는 멀티플레이어 온라인 배틀 아레나 게임이다. 워크래프트3의 유즈맵 DotA(Defense of the Ancients)를 바탕으로 만들어 졌으며, 미국에서는 2009년, 한국에서는 2011년부터 정식 서비스를 시작하였다.

• 출처 : 위키백과

방송 활동을 하게 된 계기는 무엇인가요?

휴식 기간 동안 살이 많이 쪄서 인터뷰 등 방송 제의를 거절해 왔어요. 제가 하고 싶어야 하는 성격이라. 하하.

그러다 우연히 한 방송국의 '더 지니어스'라는 프로그램에서 섭외가 들어왔는데, 포맷이 매우 신선했어요. 다양한 직업군의 사람들이 모여 각자의 전략으로 게임을 하는 거였어요. 저와 잘 맞고, 재미있겠다는 생각이 들어 선뜻 수락했어요.

방송에 몰입하는 모습을 보니 게임에 타고난 재능이 있는 것 같아요.

남들보다 잘 하거나 손이 빠르거나 생각이 남다르지도 않았어요. 그저 모험을 좋아했어요. 어린 시절에도 '탐험 놀이'라고 해서 일반적인 길이 아니라 담벼락을 넘거나 산을 넘는 등 새로운 길을 가고, 뜬금없는 생각을 하는 걸 좋아했거든요. 재능이라는 건 스스로 만들어가는 거라고 생각해요.

'더 지니어스'를 자신 있게 응했던 이유는 제가 프로게이머여서가 아니라, '13명 중 이 게임의 승부 요소를 생각해서 가장 진정성 있게 접근하는 것은 내가 가장 잘할 수 있다.'라고 생각했기 때문이에요. 그저 예능이나 방송을 하러 온 사람이 있는 반면, 저는 '무조건 우승한다.' 라는 생각으로 임했어요. 서바이벌이나 경쟁의식이 강해서 지고 싶지 않다는 생각에 방송에 임하는 자세가 진지했던 것 같아요.

Question 추후 방송 활동은 계획하신건가요?

방송인이 될 거라고는 전혀 생각하지 못했는데, '더 지니어스'가 발판이 되어 결과적으로는 다음 방송 활동으로 이어지는 연결 고리가 되었네요. 저는 '더 지니어스' 출연 당시 게임 자체에만 집중했기 때문에, '빨리 우승하고 싶다.' 라는 생각만 했어요. 다음 프로그램으로 연계되니 저 역시 놀랐고, 재미있겠다는 생각이 들었어요.

프로게이머라는 경력으로 인해 '더 지니어스'에 섭외가 되고, 그로 인해 제 방송 이미지가 구축이 되어서 이슈가 되고, 이후로 여러 프로그램에서 섭외가 들어왔어요. 스마트한 이미지가 생긴 것 같더라고요. 하하. 방송에서 캐릭터를 만든다는 게 쉽지 않은데 고마운 일이죠.

Question 방송에서 새롭게 배우는 것은 무엇인가요?

다방면으로 많이 배웁니다. 워낙 한 분야에 오래있다 보니 게임 외에는 아무것도 몰랐는데, 방송에서 만나는 분들 말씀하시는 것을 듣다 보면 '내가 모르는 세상이 컸구나.'라는 것을 느끼게 돼요. 그래서 그분들 이야기 하나하나가 뼈와 살이 되는 것 같아요. 세상일에 대해 견문이 넓어지는 느낌이에요.

한 분야만 깊이 안다는 것이 나쁜 것은 아니지만, 방송은 하나에 대해 깊게 아는 것보다 넓게 알아서 어떤 주제가 나와도 이야기할 수 있기 때문에 좋은 것 같아요.

Question 요즘 생활 패턴이 어떤가요?

뒤죽박죽이에요. 지금은 행복하게도 일이 많아서 바쁜 하루를 보냅니다. 원래 저는 그때그때 하고 싶은 일만 했는데, 이제는 매니저가 있으니 스케줄을 알아서 잡아 바쁘게 됐어요. 하하.

스케줄을 마치고 집에 오면 가볍게 게임 한두 판하거나 운동도 하는데, 그날그날 달라요.

게이머일 때는 게임에만 모든 시간을 할애했다면, 이제는 책과 TV도 많이 보고 여러 가지 활동에 시간을 분할해서 생활하고 있어요.

 방송인 이후의 길도 생각하시나요?

경우의 수가 많습니다. 언급하기 애매할 정도로 많아요. 하하. 저는 19세에 서울로 올라와 게이머 생활을 10년 넘게 했습니다. 친구들은 10대에 고등학교를 다니고, 20대에 대학을 졸업합니다. 저에게는 그런 경험이 없기 때문에 늦은 나이지만 그런 단계를 밟아 보려고 해요.

방송을 하고 게임과 연계한 또 다른 프로그램도 생각 중입니다. 성공만이 목표는 아니에요. 실패를 하더라도 일단 하고 싶은 것은 해 보려고요.

저는 게임과 관련해 나름의 책임감을 느껴요. 1세대 프로게이머로서, 제가 가는 이 길이 후배들의 기준이 될 수 있다고도 생각하기 때문이죠. 이런 책임감은 스타 게이머로서의 자부심이자 저를 채찍질하는 원동력이기도 하고요.

프로게이머로는 은퇴하였으나, 10년 20년이 걸리더라도 하고 싶은 일들을 계속 찾아가며 하려고 합니다.

학생들에게 전하고 싶은 메시지가 있다면 무엇인가요?

'나는 떳떳한 2등이다.'

제가 다른 사람들보다 더 똑똑하지는 않지만, 남들이 경험하지 못한 부분에 대해 해 줄 수 있는 이야기가 있어요. 요즘은 어릴 때부터 성적에 얽매이고, 사회에서도 순위가 매겨져 치이고 경쟁하는 삶을 사는 것 같아요. 누구나 1등만을 원하고, 1등이 아니면 열등감에 휩싸이죠. 하지만 순위에 너무 얽매이지 않았으면 좋겠어요.

저는 게임으로 많은 우승을 하지 못했지만 '22회의 준우승'이라는 캐릭터가 살아 있어,

성공했다고 생각해요. 잘 하는 것도 물론 중요하지만 항상 긍정적 마인드로 최선을 다하고 결과에 떳떳할 수 있다면 그게 나의 인생이에요.

뛰어난 능력이 없다고 좌절하지 않았으면 좋겠어요. 저도 뛰어난 건 없었어요. 그런데 정말 좋아하는 걸 하다 보니 잘하게 된 거죠. 좋아하는 걸 남들이 보기에도 가치 있게 만드는 것이 중요한데, 그렇게 되기까지에는 책임감과 많은 노력이 필요하다는 것을 알았으면 좋겠어요. 정말로 뭘 하고 싶은지 생각해서 차근차근 순차적으로 접근하면 좋겠어요. 막연함이 아니라 단계별로 목표를 세워 이뤄 가면 누구나 잘할 수 있고, 성공할 수 있다고 생각해요.

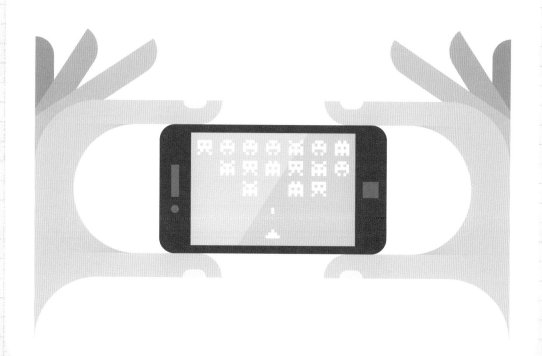

나진 e엠파이어 박정석 감독은 2001년 프로게이머 생활을 시작하였다. 2002년 대회 당시 16강 이후 유일한 프로토스로 4강에 진출해 홍진호를 상대로 명경기를 펼치며 결승에 진출하여 '황제 임요환'을 꺾고 '영웅 프로토스'라는 별명을 얻었다.

이후 여러 대회를 거치며 임요환, 홍진호, 이윤열과 함께 4대 천황으로 인기를 누리고 e스포츠의 전성기를 이끌었다.

2010년 공군 ACE에서 군 생활을 마친 뒤에도 팀으로 복귀해 팀의 우승을 이끄는 견인차 역할을 하였다.

2012년 프로게이머를 은퇴하고 잠시 다른 업계에 취직하여 평범한 직장인의 삶을 살기도 했다. 이때 리더십 있고, 모범적인 선수 생활을 했던 그를 높이 평가한 나진 대표의 설득으로 현재 지도자의 길을 가고 있다. 스타크래프트의 '영웅 프로토스'에서 LoL의 '지도자'로 매일 새로운 도전을 하고 있다.

프로 게임팀 감독 **박정석**

- 현) **CJ 엔투스 감독**
- 전) **나진e엠파이어 감독**
- **KT 롤스터 소속 선수**
- **대한민국 공군 ACE 소속 선수**
- **KTF 매직엔스 소속 선수**
- **한빛스타즈 소속 선수**
- **원광디지털대학교 게임기획학과 졸업**

e스포츠 전문가의 스케줄

박정석
프로 게임팀
감독의
하루

22:00 ~ 25:00
▸ 숙소로 이동 및 경기 분석,
선수와 1:1 미팅 등

09:00
▸ 기상 및 아침 식사

19:00 ~ 22:00
▸ 경기 운영 및 감독

10:00 ~ 12:00
▸ 연습실 이동, 대회 일정
및 스케줄 관리

18:00 ~ 19:00
▸ 저녁 식사 및 경기장 이동

12:00 ~ 13:00
▸ 점심 식사
13:00 ~ 18:00
▸ 대회 일정에 맞춰 팀플레이
연습

장난기많고
호기심 많던
학창 시절

저는 축구, 농구, 야구 등 운동을 매우 좋아했어요. 친구들과 야구를 즐겨하며 스스로 재능이 있다고 생각해서 야구선수가 되고 싶었어요. 그래서 중학교 때 무작정 야구장에 찾아갔어요. 마침 당시 좋아하던 롯데 자이언츠의 김응국 선수가 배팅 연습을 하고 있었어요. 반가운 마음에 소리 쳐서 물었어요. "야구 선수가 되고 싶어요! 어떻게 하면 돼요?" 그랬더니 몇 살이냐고 하기에 중학생이라고 했더니 늦었대요. 하하.

한창 만화 '슬램덩크'와 드라마 '마지막 승부'가 인기 있을 때 이번엔 농구가 너무 좋더라고요. 그런데 주변에서 농구를 하기엔 키가 너무 작다는 거예요. 아무튼 운동이 하고 싶었어요. 그래서 좀 현실적으로 접근해야겠다는 생각에 합기도를 배웠어요. 미래에 도장을 차려야겠다는 꿈도 꿨어요.

그러다 17살 때 친구를 따라 동네 PC방을 갔는데 사람들이 스타크래프트를 너무 재미있게 하고 있었어요. 그날부터 스타크래프트에 빠져 합기도 2단 단증을 받으러 가는 날이었는데도 잊어버리고 가지 못했죠. 하하.

Question 성격은 어떠신가요?

배려를 많이 하는 편입니다. 사소하지만 예를 들어, 나는 먹기 싫더라도 옆 사람이 먹고 싶어 하면 같이 먹어 주는 성격이에요. 내가 버린 쓰레기가 아니어도 누구라도 치울 거라면 그냥 제가 치우죠. 어린 시절부터 제가 아버지의 식사를 챙겨 드리고 식사, 설거지, 빨래, 청소를 하며 커서 그런 것 같아요.

Question | 어떤 학생이었나요?

어린 시절부터 장난기도 많고 사람들과 어울리는 것을 좋아했어요. 동네 친구들과 봉지에 고구마를 싸 들고 산에 올라가서 구워 먹기도 했어요. 또, 엉뚱하게 밖을 돌아다니면서 이상한 물건들을 많이 주워 왔대요. 달팽이처럼 생긴 돌을 주워 와서는 화석이라고 소중히 싸 놓기도 하고요.

부모님은 제가 사고만 치지 않아도 좋다고 생각하셨대요. 사고를 치지는 않았지만 부모님께서 하라는 것은 꼭 하지 않았거든요. 그래서 공부도 잘 하지 않았죠. 하하. 공부보다는 오락을 좋아해서 초등학교 1학년 때부터 혼자서 오락실을 다녔어요.

Question | 부모님의 교육 방식은 어땠나요?

자기가 하고 싶고, 잘하는 것을 선택하되 그 일에 대한 책임은 본인이 져야 한다는 생각이셨어요. 형이 있었기 때문에 공부라면 저보다는 형에게 기대하는 마음이 더 컸던 것 같아요. 반면에 저는 좀 자유롭게 키우셨어요.

최근에 '게임 중독법'이 생겼는데, 강제로 게임을 못하게 하는 것이 능사는 아니라고 생각합니다. 사실 말린다고 말려지는 것이 아니거든요. 저 역시 부모님이 게임을 못하게 하셨지만 밤에 주무실 때 불도 꺼 놓은 채 컴퓨터만 켜 놓고 몰래 게임을 했거든요. 늦게까지 하다가 부모님께 들켜서 매일 혼났어요.

반대가 심했지만 지금은 이 분야에서 인정받고 나니 부모님께서 많이 좋아하셨어요. 게임과 감독 일을 잘해서 우승도 하고 TV에 나오니 자랑스럽게 생각하시는 것 같아요.

요즘 대개 아이들의 교육을 학원에 전적으로 맡기는 형태이지만, 저는 아이가 좋아하는 걸 하게끔 하려고 해요.

부모님은 제 걱정을 하지 않으셨어요. 제가 하고 싶은 것은 꼭 해야 하는 아이라는 것을 잘 알고 계셨어요. 그렇다고 나쁜 짓을 하며 다니지는 않는다는 믿음이 있으셨기에 가능했던 것 같아요. 늘 뭔가 하나에 꽂히면 해야만 하는 성격이었는데, 성인이 되고 생각하는 것도 조금씩 어른스러워질수록 '이제는 내가 맡은 일에 책임감을 가지고 해야 하는구나.'라는 생각을 하게 됐죠.

Question 학교생활은 어떻게 하셨나요?

한동안 집안 사정이 힘들기도 했고, 본격적으로 게이머의 길로 들어서겠다고 마음먹은 이후로는 연습 때문에 정상적인 학교생활이 어렵더라고요. 그래서 담임 선생님께 집안 사정을 말씀 드리고 PC방에서 일을 하며 게임 연습을 했어요. 게이머가 되었다는 이야기는 차마 하지 못했어요. 왜냐면 e스포츠의 태동기라 사람들이 'e스포츠'라는 말 자체를 몰랐고 게임은 그저 '노는 것'이라는 인식이 지배적이었어요.

그러다 대회 성적이 좋아서 방송에 나가게 된 거예요. 이제는 선생님께 말씀드리지 않으면 안 될 것 같아서 게이머가 되었다고 솔직하게 말씀 드렸어요. 그런데 의외로 선생님께서 열심히 하라고 응원해 주셨어요.

PC방에서 배워
영웅
프로토스가
되다

Question 프로게이머가 된 계기는 무엇인가요?

PC방에서 아저씨들이 팀플레이를 하는 모습을 보니 저도 함께 어울리고 싶어서 따라다녔는데 그분들에게 많이 배웠어요. 점점 실력이 느는 것을 느꼈는데 저의 실력을 인정해 줬던 형이 프로팀에 소개를 해 줬어요. 프로팀 팀원 중 한 명이 군대에 입대하면서 제가 그 자리에 들어간 거예요. 그렇게 18살에 프로게이머가 되었어요.

그 당시에는 실력이 있다고 입소문이 나면 프로팀에서 연락이 오고, 그렇게 팀에 들어간 경우가 많았어요. e스포츠가 이렇게까지 성장할 거라고 생각하지는 못했지만, 그저 너무 재미있었고 TV에 나오는 프로게이머들을 보며 '나도 저 정도는 할 수 있을 것 같다.'라는 생각에 열심히 할 수 있었죠.

Question 게이머에게 중요한 체력 관리는 어떻게 하셨나요?

선수로 활동할 때는 운동을 좋아해서 많이 했고, 덕분에 팬들이 많이 생겼어요. 적당한 운동으로 근력을 키우는 것은 오랜 시간 앉아서 생활하는 선수들의 체력 유지에 좋지만, 너무 많이 해서 팔이나 손가락에 근육이 과하게 생기면 오히려 마우스나 키보드를 조작하는 데 반응 속도가 떨어진다고 하더라고요. 그래서 경기가 다가오면 경기에 지장이 생길 수 있어 팔운동은 하지 않아요.

Question 대학 진학이 프로게이머 생활에 도움이 되었나요?

원광디지털대학교 게임기획학과에 다녔습니다. 대학에 입학했던 이유는 두 가지였어요. 하나는 프로게이머에게 필요한 게임 관련 정보를 최대한 배우자는 생각에서였어요. 프로게이머라는 직업에 직접적으로 관련이 되지는 않지만, 지속적으로 e스포츠 분야에서 일을 할 텐데 도움이 될 거라고 생각해요.

또 하나는 프로게이머 생활의 연장을 위한 군 입대 연기 때문이었어요. 대학생 신분이어야 군 입대를 연기할 수 있으니까요. 프로게이머에게 20대 초반은 최고 전성기인데 군대에 간다는 것은 은퇴를 준비해야 한다는 말이거든요. 이에 대해 모든 프로게이머들이 고민이 많습니다.

생생 tip

게임 관련 학과로의 진학은 게이머에게 도움이 될까?

게임 관련 학과에 진학하는 것이 프로게이머가 되는 데 도움이 될까요? 게임 관련 학과는 게임 분석, 게임 시나리오 작성, 레벨 디자인, 온라인 게임 제작의 이해, 게임 프로그래밍, 2D·3D 그래픽 등을 학습하고, 이를 통해 통합 실무 게임 기획서를 작성할 수 있는 인재를 배출하는 것을 목표로 교육한다.

관련 학과에 진학해 다양한 지식을 습득한다면 새로운 게임을 익혀야 하는 프로게이머에게 게임을 파악하는 데 도움이 될 수 있고, 은퇴한 후에도 e스포츠 산업의 각 영역에서 다양한 진로를 선택하는 데 도움이 될 것이다.

Question 20대 초반이 프로게이머에게 전성기인 이유는 무엇인가요?

우선 프로게이머는 순발력이 중요한 직업이에요. 나이가 들면 반응 속도가 떨어져서 좋은 성적을 내기 어렵다고 해요. 그래서 대다수 프로게이머는 20대 중반 미만이에요.

또, 20대 초반이 복잡한 생각이 많지 않은 시기이기 때문이라고 생각해요. 생각이 많지 않기에 게임에만 전념할 수 있는 때이죠. 20대 중반을 넘어가면서 점점 군 입대 시기에 대한 고민과 전역 후 진로 고민, 이성 친구 등의 여러 가지 고민과 해결해야 할 문제들이 많아지게 되거든요.

한편으로는 20대 초반에는 보다 패기가 넘치기 때문에 패기가 곧 게임에 대한 열정으로 이어지지만, 나이가 들어 점점 지는 것에 익숙해지면 쉽게 포기하는 경우도 더러 있습니다.

Question 프로게이머의 직업 수명은 어느 정도인가요?

제가 10년 동안 선수로 활동한 것은 오래한 경우에 속합니다. 일반적으로는 프로게이머의 수명이 좀 짧아요. 30대에 게이머를 하고 있다면 기사화 되어 이슈가 될 정도예요.

그렇기 때문에 프로게이머를 꿈꾸는 청소년이라면 단순히 게이머의 단계를 넘어서 'e스포츠가 얼마 만큼의 잠재력이 있는가?'를 고려하여 판단해야 합니다. 꼭 국내 시장만 생각하지 않아도 괜찮거든요. 우리나라뿐만 아니라 중국, 미국, 유럽 등 외국에서도 e스포츠의 인기가 높기 때문에 다양한 기회를 만들 수 있을 거라고 생각합니다.

타 스포츠도 물론 그렇겠지만 e스포츠는 특히 연습량이 엄청나게 많습니다. 어떤 선수들은 하루에 12~15시간을 연습에 매달립니다. 그러다 보니 나이가 들수록 체력에 한계를 느끼게 돼요. 어린 친구들만큼 연습하려 해도 체력이 뒷받침되지 못하는 거죠. 그때는 창의적 발상이나 전략적 작전으로 승부를 내야 합니다.

Question 본인의 성격은 프로게이머를 하기에 적합했나요?

저는 승부욕 강합니다. 또 경기에서 졌다면 그 원인을 다른 사람의 탓이 아닌 저 자신에게서 찾는 성격이에요. '내가 못해서 진 거지 누구의 탓이 아니다. 더 잘해야겠다.'라고 생각해요. 게임 한번 진다고 해서 인생이 달라지는 건 아니지만, 졌을 때 누군가의 탓으로 돌리고 끝내 버리면 저는 선수로서, 인간으로서 발전된 모습을 보일 수가 없는 거죠. 또, 제가 잘못하는 부분을 개선하고 나면 그만큼 개인 성적도 오르고, 제 인생도 긍정적으로 발전할 거라고 생각해요.

선수에서
감독으로
다시
태어나다

1세대는 앞이 보이지 않는 길을 단지 좋아한다는 이유로 달려 와 프로게이머가 되었다면, 지금 프로게이머를 시작하는 친구들은 기존 프로게이머들이 성공해서 화려한 모습들을 보고 시작한 친구들이죠. 시작은 달라도 어차피 대회의 우승과 프로게이머로서의 성공이라는 목적지는 같기 때문에 크게 다르지는 않다고 봐요.

다만 예전보다 프로게이머를 꿈꾸는 지원자들이 많아졌고, 화려한 면만 보고 시작한 친구들은 기대와 다를 경우 쉽게 지칠 수 있다 점이 우려됩니다.

Question 프로게이머 은퇴를 결정한 이유는 무엇인가요?

은퇴 시기가 되면 스스로 느끼는 것 같습니다. 한계는 없다고 생각해 왔지만 어느 순간 이길 수 없을 것 같은 선수를 만나게 되고, 그런 선수의 수가 늘어나면 은퇴를 결정하게 되죠. 새로운 신인 선수들이 점점 보이며 '젊은 친구들이 확실히 잘하는구나.'라는 생각도 들더라고요. 하하.

Question 은퇴하고 잠시 e스포츠를 떠나 있었다고요?

선수 시절부터 '은퇴하면 감독이 되고 싶다.'라고 생각했어요. 그런데 막상 은퇴를 하고 나니 고등학교 때부터 못해 본 것들이 많아서 여러 가지 호기심이 생기더라고요. 대학교도 가 보고 싶고, 학생들과 어울려 놀며 공부도 하고 싶고, 평범한 직장인도 해 보고 싶었어요. 그래서 일반 회사에 입사했어요. e스포츠와 관련 없는 해운 회사였어요.

프로 게임팀 감독이 된 계기는 무엇인가요?

2012년 6월부터 시작해서 감독이 된 지 곧 3년이 됩니다.

해운 회사 입사 후 얼마 지나지 않아 '나진'의 대표님께서 전화로 감독직을 제안하셨어요. 처음엔 LoL이 제겐 낯선 게임이었기 때문에 할 수 없을 것 같다고 거절했어요. 스타크래프트 외의 게임들은 해 본 적이 없거든요. 그런데 대표님께서는 실력 외에 정신적인 코칭을 중요시한다며 다시 한 번 감독을 제안하셨어요.

찬찬히 생각하니 'e스포츠 세계에서는 끊임없이 새로운 게임이 생겨나고 없어질 텐데, 그때마다 감독이 교체되어야 하는 건 아닌 것 같다. 새로운 게임에 얼마나 빨리 적응하느냐가 관건이다.'는 생각과 함께, 천천히 배워 나가면 충분히 할 수 있을 것 같다는 생각이 들었어요. 그렇게 감독의 생활을 시작하게 됐습니다.

Question **프로 게임팀 감독의 하루 일과는 어떤가요?**

선수들의 경기를 지켜보고 코치와 전략 회의도 합니다. 전략에 관한 것은 코치들이 세세하게 이야기하는 편이고, 저는 앞으로의 좀 더 큰 그림을 그리는 편입니다. 예를 들어, 선수가 한 명 없으면 연습을 할 수 없다 보니, 경기 일정과 연습 시간에 피해가 없도록 휴일을 정하고 선수들의 개인적인 스케줄을 조율합니다. 일주일에 2개의 경기가 있다면 연습에 몰두  해야 하기 때문에 선수들에 대한 인터뷰 요청이나 방송 요청 등의 스케줄을 조정하는 경우도 있습니다.

나머지는 대부분 선수들을 챙기는 일들입니다. 식사를 해 주시는 아주머니가 계시지만 쉬는 날이면 밥을 챙겨 줘야 하고, 갑자기 선수가 아프기라도 하면 응급실에 데리고 가기도 하는 등 부모같이 챙기게 되는 것 같아요. 갑자기 변기가 막혔다거나, 어딘가에서 비가 새기라도 하면 보수 전문가가 되기도 하네요. 하하.

선수들끼리 소위 '멘탈이 붕괴된다.'는 표현을 쓰는데, 5명이 팀플레이를 하다 보니 정말로 그런 일들이 자주 있습니다. 그러다 보니 누군가의 탓을 하게 되는 경우는 면담이나 멘탈 케어도 해 주고, 왜 남 탓을 하면 안 되는지에 대해 설명해 줍니다. 잘 알아듣는 경우엔 빠르게 면담을 끝내고, 알아듣지 못하면 알아들을 때까지 이야기합니다. 하하.

Question 프로 게임팀 선수들의 하루 일과는 어떤가요?

저는 취임하자마자 훈련 스케줄표부터 만들었어요. 기준은 제가 스타크래프트 선수 시절의 시간표였죠. 오전 11시까지 연습실에 나온 뒤 새벽 2~3시까지 진행되는 빠듯한 스케줄을 짰더니 선수들이 겁먹은 표정을 짓더라고요. 하하.

그래서 5명이 팀플레이를 하는 LoL의 특성과 한 경기에 3~40분이 소요되는 게임의 특징을 감안해 스케줄을 조정했어요.

오전 11시에 기상하고, 11시30분까지 모인 뒤 곧바로 아침식사를 해요. 12시30분부터 오후 5시까지 1차 연습을 하고, 점심 식사와 휴식은 그 이후에 합니다. 그리고 오후 7시30부터 밤 12시까지 2차 연습을 해요. 이후 새벽 2시30분까지는 자율 연습을 하는데 부족하다고 판단되는 선수를 중심으로 진행합니다.

Question 새로운 게임의 감독이 되면 어떤 어려운 점이 있나요?

새로운 게임의 감독이 되면 처음이 힘듭니다. 제가 우선 새로운 게임을 파악해야 하고, 선수들을 각자 특성에 맞는 요소에 배치해야 하죠. 또 얼마나 빨리, 어떻게 성적을 끌어 올릴 수 있을까도 고민해야 합니다. 저 같은 경우는 회사 대표님께서 시간을 두고 기다려 주신 덕분에 너무 급하지 않게 천천히 배울 수 있었어요.

그래서 지금은 게임을 파악하는 시간이 빨라졌고, 시야도 넓어졌어요. 현재 LoL 같은 경우는 패치가 계속되는 게임이기 때문에 꾸준히 노력하고 연구해야 됩니다.

선수 선발은 어떻게 하나요?

1차는 온라인 테스트이고요. 2차 오프라인 테스트에서는 무엇보다 인성을 최우선으로 봅니다. 실력이 매우 좋은데 인성에 문제가 있다면 개인 특별 지도와 관리를 합니다. 왜 그렇게 행동하면 안 되는지에 대해 말로 충분히 이해시키는 편입니다.

게임팀은 팀플레이가 중요하기 때문에 개인주의, 이기주의적 성향이 보이면 우리 팀과 맞지 않다고 생각해요. 저는 동료애가 있고 가족적 분위기를 좋아해요.

감독님의 훈련 방식은 어떠한가요?

후보 선수 3명을 제외한 10명을 두 팀으로 나누고 서로를 상대로 훈련해요. 우리 팀끼리만 연습하면 늘 같은 결과가 나오기도 해서 외부의 다른 팀과 많이 연습하는 편이죠.

또, 저는 원칙을 철저히 지키는 편인데 그 중 시간 약속을 중요시합니다. 선수가 훈련 시간에 늦으면 혼을 내 분위기를 무겁게 하기보다는 늦음으로써 다른 선수들의 훈련 시간을 뺏은 책임으로 벌금을 내게 합니다. 벌금은 모아서 영화를 보거나 간식 사는 등 선수들을 위해 사용해요.

휴일에는 자유롭게 휴식을 즐기도록 하는데, 저희 선수들은 게임을 워낙 좋아해서 쉬는 날에도 게임을 하기도 해요.

감독이 되면서 달라진 점은 무엇인가요?

선수 시설에는 연습실에서 경기장에 살 때까지 끊임없이 내가 치룰 경기에 대해서만 생각했었습니다. 그래서 경기에 들어가면 침착하게 겁먹지 말고 자신 있게 해야겠다는 생각만 했죠.

감독이 되고 나서는 선수들에게 필요한 것들을 챙기고 경기 시작 전 자신감을 북돋을 수 있는 말들을 해 줘요. 자신감이 너무 넘치면 눌러 주고, 자신감이 없는 선수에게는 자신감을 불어넣어 주려고 노력합니다. 대회 때 평정심을 유지하도록 연습할 때의 환경을 되뇌면서 마인드 컨트롤을 하도록 유도합니다. '앞에 관중들이 없다. 연습실이다.'는 생각으로 하라고 말이죠.

선수 시절에는 감독님들을 보며 어렵지 않겠다고 생각했었는데 막상 해 보니 신경 쓸 것들이 정말 많더라고요. 선수들도 일일이 챙겨야 하고, 선수의 실력만 성장시키는 것이 아니라 인성도 신경 써야 하고, 선수 은퇴 후 어떤 일을 할 수 있을지 진로도 함께 고민하고 군 입대 문제에 대처하는 방법들도 제가 경험한 것들을 토대로 조언하는 편입니다. 제가 선수 시절에는 아프면 혼자 약을 사먹고 말았는데. 요즘 선수들은 약이나 병원 가는 일까지 일일이 챙겨 줘야 하니 힘드네요. 하하.

또 선수일 때는 사랑도, 선물도, 응원도 받기만 했어요. 하지만 감독은 반대로 그 모든 것을 선수에게 챙겨 줘야 합니다. 팬 미팅 일정과 장소, 규모 등을 팬들과 직접 조율하고 팬 미팅 당일에는 잘 진행되는지 뒤에서 지켜봅니다. 처음에는 기분이 좀 이상했어요. 그때만큼은 선수는 연예인이 되고, 저는 마치 매니저가 된 듯해요. 하하.

Question 프로 게임팀 감독으로 힘든 점은 무엇인가요?

18살에 프로게이머로 데뷔해 오랜 프로 생활 동안 잘 되어서 성공한 케이스도, 팀에서 방출되는 케이스도, 영입되고 나서 해고되는 케이스도 수없이 봐 왔어요. 우리 팀 선수들은 그런 오류를 범하지 않도록 힘들지만 선수들에게 항상 채찍질을 해왔어요. 사람을 관리한다는 게 쉬운 일이 아니에요. 예를 들면, 선수들은 자주 매스컴에 노출되는데 혹시라도 말이나 행동으로 실수를 하게 되면 고스란히 회사의 이미지에 나쁜 영향을 미치기 때문에 늘 주의하는 편입니다. 또 제가 책임자이기 때문에 선수들의 잘못된 행동에 대해 대신 사과하고 성성해야 합니다. 나 혼자만 소심하면 되는 것이 아니라 언세, 어니서, 어떻게 돌발 문제들이 생겨날지 알 수 없기 때문에 늘 신경을 씁니다.

또, 선수가 경기에서 졌을 때 힘들어 하는 모습을 보며 감독인 제가 대신 나갈 수도 없고 그저 위로해 줄 수밖에 없다는 것이 힘듭니다. 때로는 감독도 힘들지만 내색하지 않고 위로해야 하죠.

내가 직접 경기를 해서 졌다면 그냥 스스로를 탓하고 끝내면 되는데 내가 관리하는 팀이 졌을 때는 안타까움이 더 큰 것 같습니다.

반면, 이겼을 때는 정말 큰 성취감을 느껴요. 많은 신경을 쓴 것에 대해 보상이라도 받듯 우승이라는 타이틀을 거머쥐면, 우승에 일조했다는 생각과 감독으로서 선수들을 잘 이끌었다는 생각이 들어 기분이 좋습니다.

Question 선수 시절 경험했던 팀 생활이 감독 생활에 어떤 도움이 되나요?

게이머로 처음 입단했던 한빛소프트는 저의 배고픈 시절을 함께 했기 때문에 애정이 남다릅니다. 은퇴 후에도 한빛소프트에서 함께 지낸 팀원들과 지속적으로 연락하고 있어요. 그때 선수들과 가족 같이 지낸 느낌이 좋아서 지금도 우리 선수들도 가족 같이 지내길 원합니다.

KT 롤스터는 새벽에 등산도 하는 등 훈련 방식에 새로운 시도를 많이 하는 팀이었어요. 그 당시만 하더라도 정돈된 훈련 체계가 없어 이것저것 시도했었죠. 어떤 게 가장 효과적인 방법인지 몰랐기 때문이죠. 저는 그 경험

들을 통해 '좋은 것은 흡수하고, 안 좋은 것은 받아들이지 말아야겠다.'라는 생각을 했어요. '훗날 내가 감독이 되더라도 받아들일 것과 버려야 할 것들을 구분해야겠다.'라는 생각이었죠.

Question 팀 생활에 적응하지 못하는 선수들은
어떻게 관리하시나요?

선수들을 관리할 때 인성을 특히 강조해요. LoL은 팀플레이로 하는 게임인 만큼 팀워크가 중요하거든요. 두 팀이 서로의 상대가 되어 연습하는데 한쪽이 일방적으로 지면 남 탓을 하기도 합니다. 본인은 잘했는데 팀원 중 다른 선수 때문에 졌다는 것이죠. 이렇게 남 탓을 하기 시작하면 팀워크가 깨집니다. 이런 상황에서 누군가 중심을 잡아 줄 필요가 있죠.

코치는 항상 선수들과 부대끼며 생활하다 보니 위엄이 있기 보다는 편안한 형 같은 존재이기 때문에 제가 감독으로서 엄격하게 지도합니다.

졌을 때 남 탓을 하기보다는 늘 '내가 더 잘하면 된다.'라는 마인드를 강조하는 편이고, 기본예절이 없는 행동만큼은 엄격하게 지도합니다. 처음 선수를 뽑을 때도 1주일 이상 같이 합숙을 해 본 후에 결정합니다. 그래서인지 선수들도 저의 가치관에 많이 물들어 있는 편이에요.

Question 선수들은 어떤 감독을 신뢰하나요?

위엄이 있으면서 가족 같은 편안한 감독이 아닐까요? 하지만 저는 편안함 보다는 좀 꼿꼿한 편이에요. 감독을 하며 많이 유연해졌지만 아직까지도 조금 부족하다고 느낍니다.

저는 다른 방식으로 선수들과 신뢰를 쌓고 있어요. 처음엔 엄한 모습을 많이 보여 선수들이 무서워했지만, 말만 그럴 듯하게 하는 것이 아니라 내가 한 말은 강직하게 지키는 모습을 보여 주면 신뢰가 쌓여 믿고 따라와 주는 것 같아요.

군 입대로 고민하는 선수들에게 어떻게 조언하나요?

　사실 저는 공군 ACE로 갔기 때문에 군 입대 후에도 게임 감각을 잃지 않을 수 있었습니다. 하지만 지금은 정책상 제도가 폐지되었죠. 그래서 지금 프로게이머를 꿈꾸는 친구들은 본인이 선택을 잘해야 합니다. 최대한 군 입대를 연기하고 선수로 활동하는 동안 보다 많은 성과를 이뤄서 군 복무 후 코치나 감독으로의 진로를 바라볼 수 있죠. 그렇지 않으면 최대한 빨리 군대에 다녀와서 게이머를 시작하는 방법도 있어요. 현재 저희 팀에도 군필자가 2~3명 있습니다. 물론 실력도 좋아요. 이미 군대에 다녀온 친구들은 걱정 없이 항상 게임에만 집중할 수 있다는 장점이 있습니다.

　현재 e스포츠 산업이 성장하고 있고, 게임 관련 학과를 개설하는 대학교들도 속속 생겨나고 있기 때문에 열심히 하다 보면 게이머들에게 좋은 기회들이 생길 수 있다고 생각해요.

 감독으로서 잘하는 것과 부족한 것은 무엇인가요?

　제가 감독으로서 잘하는 것은 솔선수범한다는 것입니다. 별 것 아니더라도 사소하게 걸레질이라도 내가 먼저 하면 선수들도 함께 하게 되더라고요. 감독은 하지 않으면서 지시만 하는 권위적인 모습은 지양하고, 늘 먼저 행동하고, 제가 한 말에 책임감을 있게 행동하려고 해요.

　부족한 점은 아직까지 경험이 부족하다는 것입니다. 감독으로서 어린 편에 속하기 때문에 이성보다 감정이 앞설 때가 있어요. 예를 들면, 경기 도중에서 우리 팀 선수들에게 부당한 일이 생기면 사태를 파악하고 차분하게 대응해야 하는데 먼저 흥분하게 되더라고요. 하지만 감독으로서 좀 더 풍부한 경험을 쌓고 나면 보다 이성적이고 현명하게 대처할 수 있겠죠.

프로 게임 감독의 직업 수명은 어떤가요?

다른 스포츠의 감독들을 보면 젊은 나이에 은퇴하는 분도 있고, 70살이 넘도록 감독직을 수행하는 분도 있잖아요. 프로 게임 감독도 마찬가지로 성적으로 평가되는 자리이기 때문에 어떻게, 얼마나 노력하느냐에 따라 다른 거 같아요. 선수가 성적을 내도록 하는 것이 감독의 일인데, 그 일을 제대로 하지 못하면 책임을 져야 하는 것이죠.

소득은 어느 정도인가요?

선수와 마찬가지로 감독 역시 성과에 따라 연봉이 책정됩니다. 감독이 된 지 오래되지 않았고, 아직까지 많은 성과를 낸 것이 아니기 때문에 선수들과 비슷합니다.

멘토는 누구인가요?

아버지와 이재균 감독님이에요. 두 분 다 시간 개념이 철저하다는 공통점이 있어요. 프로 게이머 시절에 연습 시간에 몇 분 늦었다가 굉장히 혼난 적이 있어요. 지금 제가 선수들에게 약속 시간과 시간 분배에 대한 개념을 가장 강조하는 것도 아마 그 영향이 큰 것 같아요.

또, 이재균 감독님과는 워낙 어릴 때부터 함께했고 감독직을 오랫동안 해왔기 때문에 감독으로서의 고충을 상담하곤 해요. 특히, 감독이 되고 처음 1년은 선수들이 제 뜻대로 되지 않아 속상할 때가 많았는데 조언을 많이 받았어요. 덕분에 지금은 한결 수월해졌고요. 이재균 감독님의 생각처럼 '선수를 소모품으로 생각하면 절대 안 된다.'는 것을 저도 중요하게 여깁니다. 그래서 우리 팀 선수는 실력과 관계없이 형으로서 진로에 대해 함께 고민하고 도움 줄 수 있는 부분을 찾으려 노력해요.

e스포츠에 대한 인식이 점차 좋아지고 있다고 느끼시나요?

중국에서는 이미 스포츠로 인정했고, 다른 나라들도 좋은 방향으로 변화되고 있는데 우리나라는 보수적 성향이 강해서 인지 제약이 많아요. 인식이 바뀌는 데 시간이 필요한 건 당연 하고, e스포츠 종사자들이 많은 노력을 해야겠죠.

일반 대중들의 인식은 10년 전에 비해 많이 좋아진 것이 사 실입니다. 예전에는 부모님이 찾아와 게임을 못하도록 자녀 를 데리고 갔는데, 요즘은 부모님께서 직접 자녀의 손을 잡고 와서 입단 테스트를 해달라 고 하실 때 '인식이 많이 좋아졌구나.'라고 느껴요. 프로게이머를 직업으로 인정하신다는 것이니까요.

Question **프로게이머를 희망하는 학생들에게 전하고 싶은 말씀은 무엇인가요?**

무언가를 이루려면 다른 무언가를 포기할 수밖에 없다고 생각해요. 단순하게 아무나 할 수 있는 것이 프로게이머라고 생각한다면 오산입니다. 뭔가를 포기하고 도전할 만큼 의 절실함이 필요합니다. 그렇게 때문에 신중하게 판단하고 결정했으면 좋겠어요. 나중 에 후회하지 않기 위해서요. 그런데 해 보고 싶은 것 못 해서 후회할 거라면 해 봐야겠 죠. 하하.

앞으로 개인적인 계획이 있나요?

저는 늘 '현재 하는 일에 충실하자.'라는 생각으로 살아 왔습니다. 다음의 것을 생각하면 현재에 100% 전념할 수 없다고 생각해요. 제가 다른 계획을 세우고 있다면 자연히 선수들에게 소홀해지게 되고 선수들이 그것을 느끼면 감독에 대한 신뢰가 깨질 거예요. 때문에 현재 감독 일에만 집중하고 있습니다.

다만, 막연히 감독 생활이 끝나면 60일간의 여행을 하고 싶다는 생각을 해요. 최선을 다한 나에게 주는 선물로 말이죠. 아직까지 못해 본 것들에 대한 갈망이 있죠.

임태주 국장은 1996년 스포츠조선에 입사해 국내 일간지 1호 게임 담당으로 기자 생활을 하였다. 이후 외국 게임 수입 및 유통, 영화 투자, 온라인 게임 개발, 방송 제작 및 마케팅, 온·오프라인 신문 기획 제작 등의 일을 하며 게임과 방송 관련 일로 발을 넓혔다.

현재는 온게임넷의 e스포츠 총괄 국장으로서 국내외 시청자들을 겨냥한 콘텐츠를 기획 제작 중이며, e스포츠 산업의 발전을 위해 노력하고 있다.

이 일을 한 지 20여 년 가까이 되었지만 그는 아직도 결승 대회를 알리는 오프닝 사운드가 울리면 설레고, 방송 말미 엔딩 크레딧에서 자신의 이름을 보면 전율로 온몸이 짜릿해진다고 한다.

- -

e스포츠 방송국 기획자 임태주

- 현) 온게임넷 e스포츠 총괄 국장
- ㈜ 시티미디어(시티신문사) 편집국장, 이사
- ㈜ 그래텍 곰TV 총괄 제작 국장, 마케팅 본부 이사
- 스포츠조선 기자
- 세종대학교 대학원 게임학 석사
- 서울시립대학교 도시행정학과 졸업

e스포츠 전문가의 스케줄

임태주
e스포츠 방송국
기획자의
하루

21:00 ~ 22:00
▶ 가족들과의 시간
22:00 ~ 01:00
▶ 최근 출시작 게임 분석

06:30 ~
▶ 기상 및 세면
07:00 ~ 08:30
▶ 게임과 e스포츠 관련 뉴스
　스크랩

17:00 ~ 20:00
▶ LOL 챔스 경기장 제작
　현장 방문
20:00 ~ 21:00
▶ e스포츠 기자단과
　저녁 식사를 겸한 간담회

08:30 ~ 09:00
▶ 아침 식사, 출근 준비
10:00 ~ 10:30
▶ 스케줄 및 메일 확인

13:30 ~ 14:30
▶ 행사 관련 답사 및 회의
15:00 ~ 16:30
▶ 게임사와 e스포츠 리그
　제작 회의

10:30 ~ 12:00
▶ 온게임넷 운영회의
12:00 ~ 13:00
▶ 한국e스포츠협회 임원과
　점심 식사를 겸한 간담회

지금의
나를 있게
해 준
대학 생활

학창시절 성적은 어땠어요?

공부를 못하지는 않았지만 제가 속한 그룹에서 두각을 나타내던 사람은 아니었어요. 제가 다녔던 고등학교에서 당시 전교 80등 정도를 하면 서울대, 연세대, 고려대를 지원할 수 있는 실력이었는데, 전 항상 100등 안에는 들었어요.

그럼에도 불구하고 제가 원하는 대학은 삼수 끝에 힘들게 들어갔어요. 제 인생에 있어 가장 기쁜 순간을 꼽으라면 대학에 합격하던 날이 빠질 수 없을 것 같아요. 지금 돌이켜 생각해 보면 최선을 다하지 않은 게 가장 큰 실패 원인이었어요.

 어떤 성격이세요?

열정적이에요. 또 학창 시절부터 새로운 것들을 만들어 내는 것을 좋아했어요. 지금도 내가 좋아서 하기 때문에 그것만으로도 에너지를 받고 있어요.

Question 대학교 생활은 어땠어요?

말씀드린 것처럼 저는 원하는 대학에 힘들게 들어갔어요. 성적이 나쁘진 않았지만 번번이 시험과 진학에서 실패하니까 자존감이 많이 떨어지더라고요.

지금도 직원들과 사내 게임 대회를 하면 연습 땐 잘하다가 결승전이나 중요한 고비 때마다 긴장을 하고 우승에 실패해요. 아마 삼수 때의 아픈 기억이 트라우마로 남아 중요한 때마다 제게 영향을 끼치나 봐요.

그때 무난히 합격할 거라고 생각했던 대학의 합격자 명단에 제 이름이 없는 걸 보고 하늘이 무너지는 심정이었어요. 그런데 합격하기 힘들 거라 생각하고 반은 포기했던 곳에 합격이 되었죠. 정말 기뻤어요. 벼랑 끝이라고 생각했던 삼수만에 합격했을 때의 그 기분, 겪어 보지 않은 사람들은 모를 겁니다. 너무 기뻐 사나이 체면을 다 내려놓고 대성통곡하며 울 정도였으니까요.

그래서 대학에 들어간 것을 감사하며 저 스스로에게 두 가지 약속을 했어요.

'첫째, 수업은 절대 빼 먹지 말자. 둘째, 강의실 맨 앞자리에 앉아 강의를 듣자.'였어요. 4년 동안 이 두 가지는 지켰어요.

그리고 대학 시절 누구나 꿈꾸는 소개팅을 했고, 첫 소개팅에서 만난 아내와 지금도 함께하고 있어요. 그때 당시 아내가 너무 마음에 들어 싫다고 하는데도 마구 쫓아다녔어요. 전 줄기차게 구애를 한다고 생각했는데, 지금에 와 아내의 이야기를 들어 보니 당시에 스토킹 법이 있었다면 전 구속되었을 거라더군요. 하하.

또, 학업 외에 연합 동아리 활동에 참여하면서 인간관계도 넓힐 수 있었고, 다양한 지식과 체험도 쌓을 수 있어 지금의 일을 하는 데 밑바탕이 되었어요.

지금 생각해 보니 대학 생활을 통해 결혼도 하고, 지금의 직업도 가질 수 있었으니 대학 생활이 제 삶에 미친 영향이 크네요.

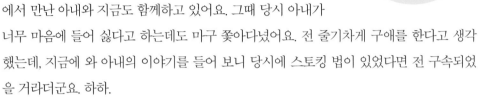

대학생 명예 기자 활동이 기자가 되는 데 영향을 미쳤나요?

동아리 활동으로 스포츠조선이라는 신문사의 대학생 명예 기자로 활동했어요. 지금은 없어진 인턴십 제도인데, 대학생들의 신세대 문화와 캠퍼스의 소식을 알리는 기사를 직접 취재하고 게재하는 일을 했어요. 그 당시 저는 대학생 명예 기자 출신으로는 당사에 입사하는 첫 입사자가 되었어요. 경험해 보고 싶었던 분야라 최선을 다해 일했었고, 그 결과 당당히 합격하여 기자라는 직업을 가지게 된 계기가 되었어요.

그때 대학생 명예 기자로 같이 활동했던 동기들과 다음 기수의 후배들과 함께 현재도 커뮤니티를 형성하여 활발하게 대화를 나누면서 정보를 공유하고 있어요. 같이 고생하며 얻은 추억을 공유하기 때문에 서로 공감대가 형성되었고, 지금도 연락을 주고받으며 관계를 유지해 가는 것 같아요.

기자가 되어
e스포츠의
매력에
빠지다

어렸을 땐 꿈이나 장래희망이 수시로 변하잖아요. 한때는 전투기 조종사를 꿈꿨는데 순간의 호기심이었던 건지 얼마 지나지 않아 사라지더라고요.

고등학교 때 대학 진학을 해야 하는데 내가 뭘 좋아하고, 뭘 배우고 싶은지 몰라 진로에 대해 진지하게 고민한 적이 있었어요. 그러던 중 등굣길의 가판대에서 무료로 나눠 주는 신문을 보고 기자는 모든 정보를 가장 빨리 접할 수 있고, 널리 알릴 수 있겠다는 생각이 들어 관심이 생기더라고요. 그래서 기자가 되자고 생각했어요.

Question 기자로 어떻게 게임을 접하게 되었나요?

제가 신문사의 막내 기자 생활을 오래 했어요. 보통 막내가 날씨나 오늘의 운세 같은 것들을 담당해서 올립니다. 전 그걸 2년 동안 했어요. 그러다 보니 자신의 전문 분야가 있는 선배들이 취재하러 전문 출입처를 드나드는 게 부럽더라고요. 그래서 내 전문 분야를 가져야겠다는 생각을 하게 되었어요.

90년대 후반쯤이었는데, 당시 컴퓨터와 인터넷 시대가 열리고 있다는 것을 모두가 직감하고 있었습니다. 그때 '오락은 누구나 좋아하고, 오락의 중심은 게임이다.'라고 판단해서 제가 기안을 올렸어요. 우리 신문사가 가장 먼저 컴퓨터 게임 기사로 두각을 나타내자고 의견을 냈더니 편집장님께서 흔쾌히 허락해 주셨어요. 그 덕분에 제가 IT 담당 기자가 되었고, IT 관련 부처와 회사들이 저의 전문 출입처가 되었습니다. 앞에서도 얘기했지만, 컴퓨터 게임 때문에 삼수를 한 저에게 이 보다 더 좋은 일이 있을까 싶을 정도로 재미있게 일을 했어요.

인터넷 게임 회사 주체의 홍보나 시연 행사를 하면 잡지사 기자들은 많이 다녔지만, IT 전문 신문 기자가 출입하는 것은 제가 처음이었습니다. 그러니 저를 대하는 대우가 달랐어요. 왜냐하면 그 당시 유명 신문 기사의 파급력은 지금의 포털 사이트와 같았거든요.

관련 기사를 쓰고 난 후 대중들의 생각이 빠르게 바뀌고, 관련 업계에도 영향을 미치니 삽시간에 제가 영향력 있는 기자가 되더라고요.

그렇게 제 이름이 알려지면서 게임 종사자들에게서 연락이 왔고, 이런저런 기획물을 만들어 보자고 제안이 와서 e스포츠 방송 기획자라는 직업의 모양새가 만들지는 초석이 되었어요.

Question e스포츠 기자에 대한 인식은 어떠했나요?

물론 사회적 인식이 좋진 않았어요. 주변 사람들도 저에게 '스포츠 신문에서 야구 기자도 아니고 축구 기자도 아닌, 게임 기자는 뭐냐?'며 야유를 보내듯 이야기한 분들이 많았어요.

하지만 그때 그렇게 저에게 이야기했던 선배들 지금 전부 다 저를 부러워해요. 저는 e스포츠의 개척자였고, 선구자였고, 게임을 하나의 산업으로 이끈 네비게이터거든요.

인터넷에 제 이름을 검색하면 나올 정도가 되었으니 많은 사람들에게서 인정받고 있다는 뜻이겠지요.

또, 이 일로 지금까지 먹고 살고 있어요. 97년도부터 시작했으니까 거의 20년이 다 돼 가네요. 우리나라 e스포츠 산업의 산 증인이 되었으니 이제는 그런 선입견과 인식에 신경 쓰지 않습니다.

Question 2001년 첫 WCG가 열렸을 때 어떤 기사를 쓰셨어요?

2001년 WCG(World Cyber Games)는 한국에서 처음으로 탄생한 국제 규모의 e스포츠 대회였습니다. 37개국의 선수들이 6개의 종목에서 치열한 예선전을 거치고 참여하였는데, 단순한 게임 대회가 아니라 건전한 게임 문화의 발전과 게임 산업의 활성, 전 세계 게이머들의 축제의 장을 마련했다는 데에 큰 의미가 있었습니다. 그해 스타크래프트 브루드 워 부분에서 임요환 선수가 우승을 하였고, 우리나라가 첫 종합 우승을 하였습니다.

그 당시 저는 신문사의 담당 취재 기자로 대회 모든 결과와 주최 측의 공식 입장 및 각국 선수단의 동정 등 보여지는 경기의 진행과 결과는 물론이고, 그런 결과를 이뤄낸 선수들의 노고를 등을 취재하고 보도했습니다.

기자들 사이에서 어떤 기사를 쓸지 말지, 어떤 기사를 비중 있게 다룰지 등에 대해 정보를 공유하는 경우가 많은데 이런 커뮤니케이션을 조율해 WCG 행사가 성공적으로 치러질 수 있도록 기사를 썼습니다.

용어 생생 tip ----------

WCG(World Cyber Games)**란?**

월드사이버게임즈 사가 주최하고 삼성과 마이크로소프트 등의 기업이 후원하여 매년 열리는 세계 최대의 게임 대회로 e스포츠 계의 올림픽이라고도 불렸다. 2001년에 처음 개최하여 e스포츠를 통해 디지털 엔터테인먼트 문화를 이끌고, 통합적이고, 흥미로운 게임 관련 콘텐츠를 제공하였다. 또한 해마다 좀 더 새롭고 공정한 게임 대회의 기준을 전 세계에 제시하였다. 2014년 2월 WCG 대회가 종료되면서 13년간의 역사가 막을 내리게 되었다.

2014년 6월에는 WCG의 명백을 이은 '월드 e스포츠 챔피언십 게임즈(World e-Sports Championship Games, WECG)가 공식 출범을 발표하였다.

Question **기자를 그만 두고 어떤 일을 하셨나요?**

12년간 기자 생활을 했어요. 현재 IT와 e스포츠의 전문 기자로 유명한 사람들과는 그때의 인연으로 아직까지 친분을 유지하고 있어요.

기자를 하며 주변에 많은 사람들이 게임 사업으로 성공을 하는 것을 봤어요. 저도 충분히 성공할 수 있겠다는 생각으로 기자 생활을 그만 두고 게임 제작 회사를 만들었다가 정말 보기 좋게 완전히 망했어요. 송충이는 솔잎을 먹고 살아야 하는데 말이죠. 하하.

그 충격으로 힘들어 할 때 지인이 게임 포털 사이트를 만들어 보자고 제안을 해서 다시 시작하게 되었고 재기할 수 있었어요.

그 후에는 곰TV e스포츠 국장을 하다 그만 두고 시티신문이라는 신문사의 편집국장 일을 했어요. 그 후 온게임넷에서 스카우트 제의가 들어와서 이 일하고 있어요.

그러고 보니 첫 직업부터 e스포츠 관련 일들을 계속 해 온 셈이에요.

e스포츠의
네비게이터가
되다

직장을 옮길 때 판단의 기준은 무엇이었나요?

'이것이 정말 하고 싶은 일인가'에 대해 나 스스로에게 끊임없이 질문을 합니다. 보수나 직위 보다는 결국은 내가 하고 싶은 분야를 기준으로 일을 찾았어요. 그러고 보니 공통점이 있네요. e스포츠와 미디어 분야요. 직장을 몇 번 옮기긴 했지만 그 방향에 있어서는 일관성이 있네요. 내가 하고 싶은 일을 선택했기 때문에 후회와 고민이 적었습니다. 이것도 하나의 복이죠.

불안정한 길을 선택한다고 주변에서 반대한 적도 많았어요. 그런 면에서 아내에게 참 고맙습니다. 제가 어떤 선택을 하더라도 존중해 줬으니까요.

Question 어떻게 e스포츠 관련 일을 시작하게 되었나요?

전 기자 출신입니다. 90년대 말 신문사 막내 기자일 때 IT 붐이 일어났습니다. 그 덕분에 전문 분야로 IT와 게임을 선택하게 되었습니다.

제가 해당 분야의 유일한 전문 출입 기자였거든요. 그때 임요환 선수 관련 기사만 100여 개 이상 썼고, 제 기사로 인해 임요환 선수가 대중들에게 빨리 얼굴을 알릴 수 있었습니다. 그래서 주위에선 저를 두고 임요환 선수의 아버지라고 할 정도였습니다.

당시에 기자라는 직업 덕분에 e스포츠 분야의 사람들을 많이 알게 되면서 투니버스 (Tooniverse) 방송의 PD와도 친해지게 되었습니다.

투니버스라는 방송국에서 피파 월드컵 게임으로 사이버 월드컵을 개최하고 진행했던 적이 있었는데, 그것이 e스포츠 관련 일을 시작하게 된 계기가 되었어요. 저와 PD가 호흡이 잘 맞아서 사이버 월드컵을 기획하고 콘셉트를 짜서 방송 홍보도 하며 대회를 치뤘습니다. 그 결과 주변에서 사이버 월드컵이 '신선하다', '괜찮은 콘텐츠다.'라며 고무적으로 격려를 해 주었습니다.

그래서 당시에 선풍적인 인기를 끌고 있던 스타크래프트 종목으로 좀 더 크게 판을 벌여 보자고 의기투합을 했습니다. 큰 대회를 기획하면서 대회 주관사와 후원사들, 그리고 게임팀과 운영에 필요한 스태프 구성, 운영 자금 등을 유치하고 운용할 수 있는 방법들을 알게 되었습니다.

Question e스포츠라는 단어를 만든 장본인이라고요?

우리가 e스포츠의 기초를 다지고 영역을 확장했으니 한국이 종주국입니다. e스포츠라는 단어를 전 세계에서 우리가 처음 만들었어요. 그때 컴퓨터 게임을 단순한 오락이 아닌 사이버상에서 이루어지는 건전한 놀이 문화라는 개념으로 만들고 싶어 '게임 대회'라는 단어를 쓰지 않기로 했어요. 그래서 만들어 낸 단어가 바로 e스포츠입니다.

용어 생생 tip

e스포츠 : 게임물을 매개로 하여 사람과 사람간에 기록 또는 승부를 겨루는 경기 및 부대 활동을 말한다. 넓은 의미로는 실제 세계와 유사하게 구현된 가상의 전자 환경에서 정신적, 신체적인 능력을 활용하여 승부를 겨루는 여가활동, 그리고 대회 또는 리그의 현장으로의 참여를 비롯해 전파를 통해 전달되는 중계의 관전을 포함하며, 이와 관계되는 커뮤니티 활동 등의 사이버 문화 전반 또한 e스포츠의 정의에 포함된다.
• 출처 : 이스포츠 진흥에 관한 법률

Question e스포츠 방송국 기획자는 어떤 일을 하나요?

가장 수된 일은 게임 제작 회사와 프로 게임팀, 후원사, 협회 등과 의견을 조율하여 게임 대회를 기획하고 방송합니다. 다시 말해 대회, 규모와 일정, 게임의 진행 방식, 선수단 섭외, 운영 자금과 상금 등의 조달, 원활한 대회 진행을 위한 관련 기관에 협조 요청 등 게임 대회를 기획·진행하여 대중들이 즐기는 게임에서 보는 게임으로 재미있게 시청할 수 있도록 콘텐츠화하여 인터넷과 모바일 등으로 방송하는 역할을 합니다.

e스포츠가 일반 스포츠와 다른 큰 차이점은 방송과의 결합이에요. 축구는 TV에서 안 봐도 축구장에 가면 볼 수 있잖아요. 그런데 e스포츠는 선수들의 모니터 앞에서 벌어집니다. 이를 많은 관객이 동시에 시청하려면 방송과 결합이 되어야 해요. 그래서 대회 시간을 방송 시간에 맞추는 것입니다.

그리고 한국이 e스포츠의 종주국이다 보니 글로벌 시장 확대는 물론, e스포츠의 산업의 발전 방향에 대한 고민을 많이 합니다.

야구는 미국 메이저 리그를 보며 배우고, 축구는 영국 프리미어를 보며 룰과 진행 방식을 따라하듯이 e스포츠는 우리나라가 전략과 노하우를 해외에 전수하고 판매하고 있어요. 우리나라의 프로야구가 수출되나요? 프로축구나 농구가 수출되나요? 한국 e스포츠는 수출이 되고 있어요. 그리고 그걸 열광적으로 봐주는 해외 팬들이 많고요. 해외 판매 수익이 결코 작지 않습니다.

요즘 e스포츠 시청자의 40%는 PC, 30%는 휴대전화, 태블릿 등을 통해 시청하고 있어요. 기존의 TV 방송에서 인터넷과 모바일 등으로 시장의 영역이 확대된 거지요. 그래서 네이버와 같은 포털 사이트나 SK와 같은 모바일 통신 회사, 위성 방송사 등과 협상을 하여 게임 컨텐츠를 공급합니다. e스포츠를 즐길 거리, 놀이 문화로 접할 수 있는 모든 영역으로 시장을 확대하는 데 주력하고 있습니다.

> Question **게임 방송 구성에서 가장 신경을 쓰는 부분은 무엇인가요?**

방송국이 게임 방송 제작에 가장 공을 들이는 부분은 팬과 시청자들의 흥미를 어떻게, 얼마나 이끄느냐 입니다. 결국 시청자들이 방송을 봐 줘야 제가 하는 모든 일에 의미가 있거든요. 예를 들어, 시청자들이 좀 더 재미있게 경기를 볼 수 있도록 좋은 해설자를 기용한다든지, 경기를 한 눈에 파악할 수 있도록 화면을 구성한다든지, 결정적인 장면에서 감동을 배가시켜 줄 수 있는 장치를 한다든지 등이요. 결국 우리가 하는 일련의 일들은 시청자와 팬에게 초점을 맞춰서 이뤄집니다.

선수들은 PC 세팅에 민감하기 때문에 선수들의 요구에 맞춰 PC를 세팅합니다. 그리고 무대 경기의 경우 부스를 설치하곤 하는데, 부스 안에 있는 선수들에게 관중과 해설자들의 소리가 들리지 않도록 방음 작업을 합니다.

또, 선수들이 PC 세팅과 이동 등의 준비 시간을 효율적으로 할 수 있도록 선수들에게 정확한 경기 시간을 인지시킵니다. 경기 전 선수들의 등장과 인터뷰가 진행되는데, 사전 인터뷰가 있다면 선수들이 준비할 수 있도록 합니다.

무대를 담당하는 프로듀서는 카메라, 오디오, 조명 등 경기에 직접적인 영향을 미치는 요소들을 선수들의 요구에 맞춰 조절합니다.

경기 전 PC의 세팅 과정에서 컴퓨터 오류들이 발생하곤 하는데, 이럴 때를 대비해 컴퓨터 기술자들을 확인하고 배치합니다.

마지막으로 관중석의 소리가 부스 안의 선수에게 들리지 않도록 확인하고, 무대 스크린이 게임을 효율적으로 전달할 수 있는 위치에 있는지, 화면상 오류가 발생하는지 등을 확인합니다.

Question e스포츠에도 한류 바람이 부나요?

그렇다고 볼 수 있어요. 이미 외국에서도 한국 e스포츠는 최고의 볼거리에요. 예전엔 그렇지 않았는데 최근에는 대회를 중계할 때 한국 캐스터 옆에서 외국인 캐스터가 동시에 신행을 할 정도니까요. 게임을 활용하는 퍼포먼스는 한국이 최고라 전 세계에서 인기 있는 게이머는 거의 한국 게이머입니다. 그만큼 스토리 구성이나 이미지 메이킹이 잘 되어 있어요.

또, 대회 진행 방식이 한국의 것으로 거의 표준화되어 있기 때문에 외국에서 벤치마킹하는 사례가 많아요. 한국이 가장 대중적이고 선진화된 e스포츠 시스템을 창조했거든요.

Question 한국의 e스포츠가 발전할 수 있었던
이유는 무엇일까요?

4가지 정도로 요약해서 말할 수 있어요. 첫 번째는 한국이 가장 선진화된 시스템을 창조했다는 것이고, 두 번째는 스스로 만족하지 않고 외국에서도 한국의 시스템을 표준으로 받아들이도록 표준화하였다는 것입니다. 세 번째는 게임을 활용한 퍼포먼스는 한국이 최고예요. 네 번째는 세계 최고의 게이머들이 거의 한국인입니다. 그렇기 때문에 한국의 e스포츠가 발전할 수밖에 없었죠.

Question 이 일을 하면서 가장 힘들었던 때는
언제였나요?

제일 힘들었던 때는 초창기, 그러니까 '우리들만의 리그'였을 때가 가장 힘들었죠.

컴퓨터 게임이 젊은 층에선 엄청나게 인기가 있었고, 발전 가능성이 무궁한 산업 분야라는 것을 직감했는데, 정작 투자해야 할 기업의 오너들은 대체로 나이가 많아 별로 관심이 없었습니다. 그분들은 골프나 축구 등 홍보 효과가 확실한 곳만 투자하길 원했지 스타크래프트, e스포츠라는 생소한 분야에 후원하는 것을 꺼렸습니다.

큰 대회를 치르려면 자금이 필요하고, 그 자금을 후원해 줄 기업의 오너들의 마음이 움직이지 않으니 대회를 개최하는 것이 무척 힘들었습니다.

그 뿐만 아니라 초창기엔 각 게임팀 마다 후원사가 없으니 연습 환경이 열악했어요. 게임팀 운영 경비가 부족하니 연습실에 전기가 끊겨 연습을 못하는 경우도 많았고, 식사를 할 수 없어 라면으로 끼니를 때우고, 추운 겨울에 난방이 안돼서 꽁꽁 언 손을 불어가며 연습하더라고요. 전 어린 선수들의 그런 그 모습을 보고 마음이 안 좋아서 e스포츠 시장을 빨

리 키워야 겠구나 생각하고 열심히 후원사를 구하러 뛰어다녔습니다.

그때에 비하면 지금은 자금, 시설, 환경적인 면에서 월등히 나아졌다고 생각합니다.

 Question 현재 직업에 대한 애정은 어느 정도인가요?

아직도 다른 사람들보다 몇 시간 일찍 출근하고 누구보다 늦게 퇴근하며 국내 대회든, 국제 대회든 현장은 다 참석하려고 발로 뛰어다니고 있습니다. 내 일에 애정이 없으면 절대 이렇게 할 수 없었겠지요. 생각해 보세요. 처음에 잠깐 열심히 하는 척을 할 수 있어도 그것도 1~2년이지, 10년이 넘도록 자신이 좋아하지도 않는 일을 힘든 여건 속에서 열정을 가지고 할 수는 없습니다.

초창기에 다같이 열악한 환경에서 시작하였고 그랬기 때문에 아직도 그들과 동질감을 느끼고 추억을 공유할 수 있습니다. 다시 처음으로 돌아가서 일을 시작하라고 해도 그때보다 더 열심히 할 순 없을 만큼 최선을 다했습니다.

 용어 생생 tip

e스포츠 관련 국제 대회

IEM(Intel Extreme Master) : 오래된 역사를 형성하고 있으며 오늘날, 세계에서 가장 인기 있는 e스포츠 대회 중 하나이다. 2012-2013 시즌 IEM의 주요 종목으로 스타크래프트2와 LOL이 정해졌다.

MLG(Major League Gaming 2012) : 2002년 Sundance DiGiovanni 와 Sepso에 의해 설립된 Major League Gaming(MLG)은 뉴욕에 본사를 두고 있는 북미 프로 e스포츠 조직이다. 2009년에 아고라 게임을 인수하였고 2012년부터는 계절별로 대회를 개최 중이다.

롤챔스(League of Legend world championship) : 일명 롤드컵이라 불리며, 전 세계적인 관심으로 시버가 다운되어 경기가 연기되는 해프닝이 벌어지기도 한 현재 최고 흥행 e스포츠 대회이다.

Question 최근 e스포츠에 대한 사회적 인식은
어떠한가요?

　요즘에는 대회 결승전을 하는 날이 되면 포털 사이트 검색어 순위의 1위부터 10위까지 모두 LoL 관련 검색어일 때가 있어요. 이런 것만 봐도 초창기보다 사회적인 인식이 월등히 좋아졌다는 걸 알 수 있습니다.

　지금은 우리 아들도 제가 가져다주는 LoL 티셔츠를 입고 학교에 가서 친구들한테 자랑하면 부럽다는 얘기도 듣고 주목받는다고 해요. 예전 같았으면 오락을 직업으로 삼는 아빠를 누가 부러워하겠어요.

　하지만 아직 아쉬운 부분도 있습니다. 인터넷 게임 셧다운(shut down) 제도가 그런 경우 중 하나입니다. 실제로 있었던 일인데, 우리나라 선수가 우리나라에서 주최하는 세계 대회에 출전해 게임을 하던 중 컴퓨터가 갑자기 꺼져 버렸습니다. 큰 대회를 주최하는 한국 측의 셧다운 제도 인해서 대회가 중단되었다면 외국인들이 이해할 수 있을까요?

　물론, 사회적 인식이 변화되는 데는 시간이 필요하다고 생각해요. e스포츠의 주요 고객은 15세 이상 40세 미만의 젊은 남성들입니다. 하지만 현재 e스포츠 시장에서 결정적인 역할을 하는 분들은 나이가 훨씬 많아요. 지금의 주 고객들이 정책 결정자가 될 때쯤엔 시장이 굉장히 커지지 않을까 생각합니다.

　한국의 e스포츠는 이미 글로벌한 콘텐츠가 되었어요. 저비용으로 이렇게 높은 효과를 누릴 수 있는 콘텐츠가 우리나라에 몇 개나 될까 싶어요. 건전한 놀이 문화로 정착될 수 있도록 사회적 인식이 변하는 것이 제 바람입니다.

용어 생생 tip

셧다운 제도 : 청소년의 인터넷 게임 중독을 예방하기 위해 마련된 제도로, 2011년 11월 20일부터 시행되었다. 이는 16세 미만의 청소년에게 오전 0시부터 오전 6시까지 심야 6시간 동안 인터넷 게임 제공을 제한하는 제도이다. 인터넷 게임을 서비스하는 업체들은 이 시간대에 연령과 본인 인증을 통해 청소년 게임 이용을 강제로 원천 차단해야 한다.

우리나라 e스포츠의 위상은 어느 정도인가요?

지금은 한국이 e스포츠의 종주국 대우를 받게 됐지요. 예전에 한국의 스타크래프트도 그랬지만 온게임넷의 리그 오브 레전드(League of Legends, LoL) 리그인 '롤챔스'는 그 방송이 전 세계에 수출되고 있어요. 다른 국가에서 다 돈을 주고 사가요. 컴퓨터 게임하는 장면이 전 세계로 수출되고 있는 것을 보면 세상이 이정도로 바뀌었나 싶어요.

한국 프로게이머들이 다른 나라의 공항에 도착하면 현지 팬들이 몇 시간씩 기다리며 플래카드 들고 환호하고 박수쳐 주죠. 명백히 한국이 e스포츠 종주국이 맞습니다. e스포츠 세계 대회도 한국에서 처음 열렸어요. 그런 것을 만들어 낸 사람 중 한 명이라는 사실에 자부심을 많이 느껴요. 내 30~40대는 모두 e스포츠를 홍보하고 판을 키우고 만드는 데 보냈어요. 무척 보람 있는 시간들이었죠. 방송으로 보이는 결과물들이 성취감을 느끼게 해 주고 행복하게 해 주니까요.

저는 지금도 어떻게 하면 이 일을 계속할 수 있을까를 고민하고 있어요. 대한민국에 저처럼 하고 싶은 일을 하면서 월급도 부족하지 않게 받는 사람이 몇이나 될까요. 그런 부분에선 전 참 운이 좋고 감사함을 느끼죠.

e스포츠의 미래를 어떻게 보세요?

저는 밝다고 봅니다. 전 세계가 우리의 방식을 가져가서 우리 콘텐츠를 배우며 따라하고 있어요. 다만, 문제가 인기 있는 게임 종목이 야구와 축구처럼 영속적이지 않다는 거예요. 그래서 매번 인기 있는 새로운 게임을 찾아야 하는 것들이 가장 어려운 부분이에요. 게임 한 종목이 사라졌다고 e스포츠의 시장 규모가 줄어든다는 것은 아니에요. 그것을 대체하는 다른 게임들이 계속 생겨나죠. 스타크래프트가 LoL로 대체됐듯이. 그런 변화를 신속히 감지하고 시장을 이끌어 가야 해요. 그럼 시장은 더 커질 거고 전망은 밝을 것입니다.

그리고 게임 회사마다 e스포츠 전문가들이 있어요. 블리자드, 넥슨, 라이엇 같은 대규모 회사 말고도 게임 회사들이 늘어나면서 일자리도 늘어나고 있습니다. 뿐만 아니라 공무원 중에도 있어요. 문화관광부나 한국문화콘텐츠진흥원 등에도 e스포츠 전문가가 있어요. 그 사람들과 같이 e스포츠 산업에 대해 고민하고 만들어 가는 거예요. 아직 연세가 많으신 분들은 e스포츠에 크게 공감하진 못하지만, 지금의 주 고객인
20~30대의 남성들이 결정권자가 되는 나이가 되면 아마도 더욱 시장이 커질 것을 예상할 수 있죠.

Question e스포츠 분야에서 선두를 유지하기 위해 어떤 준비를 하고 계시나요?

개척자 정신을 가지고 있어서 몸이 고달프긴 해요. 한 달에 며칠씩 출장 가 있고 집에도 못 들어가면서 몸이 힘들죠. 그런데 갑자기 그런 일이 없어진다면 전 못 살 것 같아요. 우리 제작진들은 지금 중국에 가 있어요. 제작 총괄을 하면서 실질적인 방송 콘텐츠를 만들고 있는 친구가 있는데 지금 그거 하지
말라고 하면 뭘 할까 생각이 들어요. 본인이 좋아서 하는 거예요. 그래서 굉장히 젊게 사는 거 같아요.

또, 감을 필요로 하기 때문에 계속 게임도 해야 하고요. 또한 열정이 필요해요.

끊임없이 생각하고 고민하는 그 열정이 중요해요. 아이디어만 몇 개 가지고 기획을 하면 소재가 고갈돼 오래갈 수 없어요. 열정은 계속 새로운 아이디어를 나오게 하는 원동력이에요. 현재 온게임넷에는 저와 같은 사람이 많아요. 그게 힘이죠.

모든 스포츠 그리고 e스포츠도 마찬가지인데 상위 0.1%안에 들지 않으면 굉장히 힘듭니다. 야구선수도 전국 수천 명 중에 상위 200명만 프로야구 1군에 등록되고 그 중에서도 100명 정도만 TV에 나오잖아요. 그 중에서도 기억되는 사람은 몇 명 안 됩니다.

그런 어려움을 알아야 해요. e스포츠가 일반 스포츠처럼 몸으로 움직이지 않아서 쉬워 보일 수 있어요. 하지만 프로게이머도 엄청난 체력과 정신력이 필요하고 노력이 필요해요. 결코 쉽지 않아요. 임요환 선수가 굉장히 노력파예요. 정말 자기 스스로 채찍질을 하고 마른수건 짜듯이 노력하고, 스스로를 벼랑으로 밀어 가며 연습을 합니다. 눈에 보이는 게 전부가 아니에요. 프로게이머들의 하루를 보면 굉장히 지칩니다.

화려한 직업일수록 성공하기 힘들어요. 그리고 그 이면에 사회적 인식, 운 모두 맞아야 해요. 내가 잘하는 게임이 당시 인기를 끌어야만 하니까요. 생각보다 선수 생활도 짧은 편이에요. 해당 종목이 인기와 궤를 같이 하니까요. 그리고 워낙 치고 올라오는 사람들이 많으니까 자리를 지키기도 쉽지 않고요.

물론 은퇴 후에 감독, 코치, 해설자 등으로 전업할 수는 있습니다. e스포츠에도 행정가, 정책자, 방송국 기획자, 감독 등 여러 직업군이 있지만 프로게이머가 가장 힘든 분야인 것 같아요. 화려한 겉모습만 보고 쫓다가는 상처받을 수 있어요.

이재균 위원장은 1999년 프로 게임팀 감독으로 시작해 수많은 스타플레이어들을 발굴하고 배출하는 일을 했다.

현재는 한국e스포츠협회의 스타크래프트 프로 리그 경기 위원장으로, 감독직 이후에도 e스포츠와 인연을 계속 이어가고 있다.

경기위원회의 위원장으로 프로게이머에게 공정한 해외 대회 출전 기회를 부여하고, 프로 리그 라운드 MVP 선정과 e스포츠의 불건전 사행성 불법 행위 근절, e스포츠 관전 문화 조성 등의 일을 맡고 있다.

"한국 e스포츠의 위상은 이미 세계적으로 높아졌지만, 저는 여기에 그치지 않고 한국e스포츠협회가 표본이 되어 전 세계에서 e스포츠 분야의 발전을 위해 노력하는 사람들이 한국에 와서 배울 수 있도록 만들고 싶어요."

한국e스포츠협회(KeSPA) 행정가 이재균

● 현) 한국e스포츠협회 경기위원회 위원장
● 웅진 스타즈 감독
● 제1회 월드사이버게임즈(WCG) 국가대표 감독
● 한빛 스타즈 감독
● 서울사이버대학교 게임애니메이션학과 졸업

e스포츠 전문가의 스케줄

이재균
한국e스포츠협회
(KeSPA)
행정가의
하루

22:00 ~ 24:00
▶ 당일 경기 리뷰, 게임 게시판 및
리뷰 정독

07:00 ~ 09:00
▶ 아침 식사, 출근 준비

17:00 ~ 21:00
▶ 당일 경기 시청 및
경기장 방문,
관계자들 미팅

09:00 ~ 09:30
▶ 스케줄과 메일 확인

13:00 ~ 17:00
▶ 협회 내 업무 처리, 협력사 및
기업체 외부 미팅

09:30 ~ 11:00
▶ 전날 경기 분석

01:00 ~ 12:00
▶ 협회 회의 및 업무 보고서
작성

원하는 삶을 찾기 위해
다양한 경험을
쌓았던
학창 시절

어린 시절 내 삶을 바꾼 책이 있었나요?

호기심이 많은 엄청난 개구쟁이였어요. 그러면서도 위인전을 많이 읽었어요. 아버지께서 사 주셨던 책들이 모두 위인전이었거든요. 밥을 먹으면서도 책을 보곤 해서 많이 혼나기도 했어요. 하하. 위인전을 보며 느낀 것은 '에디슨처럼 훌륭한 분들도 어린 시절에는 나랑 별반 다를 게 없는 개구쟁이였구나. 어떻게 마음먹느냐에 따라 누구나 성공할 수 있어.'라는 생각이 들더라고요.

특히, 정주영 회장의 '시련은 있어도 실패는 없다.' 라는 책을 읽고 많은 자신감을 얻으면서 생각이 조금씩 변했어요. '공부 외에도 성공할 수 있는 길이 있구나.'라고요.

초등학교 졸업도 제대로 못하고 쌀장사부터 시작해 현대라는 대기업을 이룬 정주영 회장을 보고, 내가 잘하는 일을 찾아 뚜렷한 주관을 갖고 열심히 하면 성공할 수 있다고 생각했어요. 중학교 3학년 때까지만 해도 공부를 잘하는 편이었는데, 그 책을 읽고 생각이 바뀐 후부터는 내가 좋아하고, 잘하는 것을 찾기 위해 엉뚱한 짓을 많이 했던 것 같아요. 그리고 하나를 찾으면 그 일에 빠져 집중하느라 밤을 새곤 했어요. 예를 들면, 프라모델(조립식 플라스틱 모형) 조립 같은 거였어요.

부모님은 어떤 진로를 원하셨나요?

어머님은 제가 공부를 열심히 해서 남들처럼 좋은 직장에 들어가길 바라셨어요. 그래서 과외도 받게 해 주셨고요. 반면, 부산 시장에서 오랫동안 장사를 하셨던 아버지께서는 "뭐든 해도 된다. 남에게 민폐 안 끼치고 먹고사는 데 지장만 없으면 된다."라고 말씀하셨어요.

직로 선택에 있어 부모님의 반대는 없었나요?

외동아들이라 엄마는 품어서 키우셨지만 아버지는 강하게 키우셨어요. 남자는 밖에서도 자 보고, 다양한 일도 경험해 보며 강하게 커야 한다고 말씀하셨어요. 진로를 선택할 때도 마찬가지였어요. 인문계 고등학교에 다녔는데 공부가 저와 맞지 않는 것 같다고 말씀드렸더니 아버지께서는 "그럼 하고 싶은 걸 해라."라고 하셨어요. 때마침 학교 외부로 나가 학원 수업을 들을 수 있는 직업학교 제도가 생겨서 저는 용접과에 들어갔어요.

'어떤 기술이든 배워서 한 분야에 전문성을 가져야겠다.' 라는 생각이었죠.

직업학교에 컴퓨터학과, 용접과 등이 있었는데, 쉬는 시간에 컴퓨터학과에 들어갔다가 그 반 학생들이 '남북전쟁'이라는 컴퓨터 게임을 하는 것을 봤어요. 고등학교 3학년이었던 그때까지만 해도 컴퓨터는 '똑똑한 부잣집 애들'만 하는 거라고 생각했는데, 공부 못하는 제 친구가 게임을 잘하는 걸 보고 저도 해 봤어요. 그 뒤로 게임이 너무 하고 싶어서 수업 시간에 용접과에 들어가지 않고 컴퓨터학과에 몰래 숨어 들어가 게임을 하곤 했어요. 처음으로 무언가를 좋아서 주도적으로 하고 있다는 느낌을 받았어요.

 아버지께 많은 영향을 받으셨다고요?

친척 어른께 전해 듣기를, 젊은 시절 아버지는 홍대에서 잠실 정도의 거리를 자전거를 타고 출퇴근할 정도로 부지런한 분이셨대요. 심지어 겨울밤에 내린 온 동네 눈을 혼자 다 치울 정도였다고 합니다. 어렸을 때였는데도 그 이야기를 듣고 '우리 아버지는 정말 부지런한 분이셨구나.'라는 생각이 들었어요.

당신께서도 "내가 너에게 물려줄 것은 부지런함 밖에 없다. 절대 게으름 피우지 마라."라고 누누이 말씀하셔서 당연히 그래야 한다고 생각하며 살아왔습니다. 아버지께서는 삶으로 보여 주셨기에 제가 살아가는 데 중요한 기본자세를 자연스럽게 배우게 된 겁니다.

어떤 성격이세요?

어린 시절부터 승부욕이 강하고 고집이 셌어요. 내기를 해서 지면 왜 졌는지 연구하고 다시 해서 이겨야만 마음이 놓이곤 했습니다. 초등학교 때 친구들과 장기 놀이를 하며 놀았는데, 처음에 친구에게 지고 나니 약이 오르더라고요. 집으로 가서 아버지의 비법도 전수받고, 큰아버지께도 비법을 전수받아 연습했어요. 그렇게 지게 된 원인을 분석하고 더 잘하려고 연습했더니 장기로는 늘 1등이었어요.

또 한번은 딱지치기에 승부욕이 발동한 겁니다. 그래서 어떻게 해야 딱지치기를 잘할 수 있을까 고민을 했습니다. 딱지치기를 잘하려면 팔 힘이 좋아야 한다는 생각에 푸시업을 하고, 단단한 딱지를 만드는 데 필요한 박스 종이도 찾으러 동네를 헤매고 다녔어요. 그래서 딱지치기도 매번 이겼습니다. 지금 생각해 보니, 어린 나이였지만 나름 분석하고, 행동하는 아이였네요. 하하.

다양한 아르바이트를 체험한 이유는 무엇인가요?

중학교 3학년 때 첫 아르바이트로 롤러스케이트장에서 스케이트를 대여해 주는 일을 한 이후 학생으로 할 수 있는 일은 뭐든 경험했습니다. 다양한 일을 통해 용돈도 벌고 여러 사람들을 만나는 것이 재미있었어요.

그 외에도 저는 주로 시장에서 아르바이트를 했는데요. 그 중에서 장판 가게에서 일했던 것이 가장 기억에 남습니다. 그 일을 시작하게 된 건 저의 체력적 한계와 인내심을 시험해 보고 싶었기 때문이었어요. 손님들이 가게에 와서 장판을 고르고 주문하면 제가 어깨에 메고 배달해 주는 일이었습니다. 어느 날 80kg의 장판을 메고 건물 5층까지 올라가야 하는데 4층쯤 되자 머리로 피가 몰리는 느낌이 들더니, 5층에 도착하자 코피가 나더라고요. 체력적으로 너무 힘든 일이었지만 제가 극한 상황이 되었을 때 어떻게 생각하고, 행동하는 사람인지 알 수 있어서 좋았습니다.

게임의 리더가
감독이 되다

1999년도쯤에 동네 PC방 단위의 소규모 게임 대회가 많았어요. 처음에는 상금을 타기 위해 한 명보다는 두 명, 두 명보다는 세 명이 같이 하면 좋겠다고 생각해서 팀을 짜다 보니 제가 리더가 되어 게임팀으로 다니기 시작했어요. 그 당시 부산 지역의 상금은 거의 다 우리 팀이 탄 것 같아요. 하하.

게임을 상금을 타는 목적으로만 하다가 어느 순간 '기업의 후원을 받아 정식 게임팀으로 활동할 수 없을까?'라는 생각이 들었어요. 워낙 게임이 인기가 있으니 여러 팀을 모아 대항전을 만들고, 거기에 후원 기업의 로고를 붙이고 나간다면 기업도 홍보가 되고, 게임팀들도 금전적으로 도움을 받으며 대항전을 치룰 수 있겠다고 생각했어요.

그래서 부산보다 큰 규모의 대회가 열리는 서울에 왔더니 저와 같은 생각을 하는 사람들이 몇몇 있어서 같이 의견을 모아 대회를 기획하기 시작했어요. 지금은 부스도 멋있지만 처음 시작했을 때는 정말 볼품없이 탁구대에 모니터를 올려놓고 대회를 했어요.

한 때 벤처 열풍이 불었는데 저렴한 비용으로 회사를 홍보하고 싶어 하는 벤처 기업들을 설득하여 후원을 많이 받았어요. 그러다가 점차 대회 규모가 커지고 관심을 갖는 네티즌이 많아지자 대기업들도 후원사로 참여하게 된 겁니다.

초창기의 후원 금액이 대략 1억 7천만 원 정도(상금. 방송 장비 대여료, 대회장 대관료, 인건비 등 포함)였는데 대기업들이 후원사로 들어오면서 지금은 50억 원대 정도로 늘어났으니 대회의 규모가 엄청나게 커진 거지요. WCG 이전에는 우리나라 안에서만 작은 규모로 대회가 열렸지만, WCG를 시작으로 국가 대항전이 생기고 선수를 뽑아 체계적인 팀을 만들고 전략을 짜는 일들이 필요해졌어요.

Question 원래부터 사람들을 모아 이끄는 성향이신가요?

처음부터 리더십이 있었던 건 아니었어요. 게임팀 내에서 나이가 제일 많아 형 노릇을 하다 보니 팀원들이 잘 따라 주어 자연스럽게 리더십이 생기더라고요. 그 당시 저를 따라 주던 친구들은 집에서 눈칫밥을 엄청 먹었습니다. 부모님께 게임 연습하러 PC방에 가겠다고 말하면 당연히 보내 주지 않으니까 몰래몰래 하던 친구들이었거든요. 그래서 부모님들께서는 이들을 이끄는 저를 싫어하셨어요.

하지만 그 후에 게임으로 대회에서 여러 번 입상하고 게임팀으로 성공하니까 부모님들이 저를 찾아오셔서 '정말 고맙다.'고 하시더라고요. 자식이 잘하는 걸 찾고 거기서 성공해서 너무 기쁘다고 하시더라고요. 강도경 선수처럼 프로게이머로도 성공하고 코치로 활발히 활동하는 선수들을 보면 뿌듯합니다.

Question 스폰서를 구하면서 겪은 에피소드가 있나요?

게임팀을 이끄는 초창기에는 후원 기업을 구하기 위해 하루 동안 선릉역 벤처 기업 단지에 있는 40군데 회사를 돌아 다녔어요. 결과는 40군데에서 모두 퇴짜를 맞았습니다. 처음 들어갔을 때에는 그 누구도 눈길조차 주지 않아 너무 부끄러웠어요. 그런데 제 자신과 약속을 했기 때문에 '일단 끝까지 해 보자.'라고 생각했어요. 그러기를 5번, 6번 반복하니 뻔뻔해지기 시작하더라고요. 36번째 회사에 들어가서는 커피도 얻어 마시고 정보도 얻어 나올 수 있었어요. 사람을 대하는 것은 그렇게 경험으로 쌓이는 거더라고요.

Question 후원사들을 찾아다니며 느낀 것은 무엇인가요?

후원 기업을 찾아다니면서 계획 없이 무작정 시작했던 것을 후회했어요. 기업들을 찾아 다니려면 최소한 그 기업이 어떤 일을 하고 있고, 그래서 무엇에 관심이 있는지, 게임 대회에 후원사가 되면 어떤 점이 좋은지, 앞으로 e스포츠 산업이 어느만큼 성장할지 정도는 알고 가야 하잖아요. 처음에는 전혀 준비를 하지 않았어요. 무턱대고 좋으니 투자해 보라는 식이었습니다. 이 일을 겪으면서 마케팅 분야에 대해 공부해 봤으면 좋겠다고 생각했어요.

'혼자 사는 것이 아니라 많은 사람들과 관계를 맺고 살려면 그들을 알기 위해, 또 내가 하는 일을 제대로 알리기 위해 공부하는 것이 필요하겠구나.'라는 생각이 들었어요. 더욱이 제가 이끄는 선수들과 함께 꿈을 이루기 위해서는 더 공부해야겠다는 생각이 들었어요.

Question 게이머도 아니었는데 어떻게 게임 감독과 기획자가 되었나요?

시대적 환경의 영향이 컸던 것 같아요. 당시 누구도 컴퓨터 게임이 직업이 될 거라고 생각하지 못했던 것처럼, 제가 감독이나 게임 대회 기획자가 될 거라고 생각해 본 적은 없었어요. 단지 제 자신이 잘할 수 있는 일을 즐겁게 하기 위해 시작했던 일이에요.

'어떻게 하면 게임을 더 흥미진진하게 즐길 수 있지?', '이렇게 재미있는 게임을 어떻게 더 많은 사람들이 보고 즐길 수 있게 할까?', '어떻게 하면 우리나라 선수뿐만 아니라 여러 나라 선수들과 실력을 겨루어 볼 수 있을까?'라는 생각에서 출발해 몇몇 팀이 모여 리그를 만들고, 방송국을 끌어들여 중계를 하게 되고, 주관사와 후원사의 이름을 내건 세계적인 대회까지 열게 되었습니다. 모두의 이해관계가 잘 맞았기에 가능했던 일이죠.

Question 기존 게임의 인기가 하락하면 어떻게 하나요?

어떤 게임의 인기가 시들해지면 새로운 게임을 찾아냅니다. 누군가는 소비자들이 좋아할 만한 게임을 계속 만들어 내고 있으니까요.

그래서 게임 홍보 쇼가 열리면 새로 출시되는 모든 게임에 관심을 갖고 직접 해 봅니다. '이 게임을 가지고 어떻게 대회를 열까?'를 고민하고, 방송국 사람들과도 많은 논의를 합니다. 팀을 구성해 대회를 열 수 있는 게임인지, 대회를 열어도 성공할 게임인지 등을 판단합니다. 그 다음은 발굴한 게임을 잘하는 선수를 빨리 섭외하는 것이 중요합니다. 좋은 선수가 확보되면 대회에서 우승할 확률도 높아지고 그에 따른 효과가 매우 크거든요. 그렇게 게임을 발굴해서 대회로 기획하여 성공한 사례가 LoL이에요.

2013년 10월 'SK 롤드컵'의 상금이 30억 원대였어요. 최종 결승전에 올랐던 중국 팀과의 경기는 전 세계적으로 1억 명 이상이 시청을 했습니다. 경기를 보기 위해 아침 10시부터 줄 서서 볼 정도로 인기가 많았죠. 계속 좋은 게임이 출시되어야 후원 기업들은 게임팀을 운영할 수 있고, 방송국은 중계료, 언론이나 포털 사이트는 광고비를 벌 수 있는 등 모두의 이해관계가 맞물려 잘 유지되고 있습니다.

Question 선수를 선발할 때 중요하게 생각하는 것은 무엇인가요?

저는 선수를 선발할 때 인성을 봅니다. 면접을 해 보면 그 사람의 인성이 드러나는데, 게임을 아무리 잘해도 인성이 좋지 않으면 선수 생활을 오래 하지 못하더라고요. 그래서 착하고 예의 바른 선수에게 관심이 가요. 테크닉적인 부분은 조금 못하더라도 신경 써 주면 성장할 여지가 있기 때문입니다.

Question 프로게이머는 어떻게 수입을 얻나요?

게임 대회에 입상하여 우승 상금을 받거나 후원 기업의 게임팀에 소속되어 급여를 받습니다. 게임팀에 소속되지 않아도 대회에 우승해서 상금을 딸 수도 있지만, 현실적으로 팀의 지원을 받지 않고 이기는 것은 정말 어려운 일입니다. 팀 내에는 게임만을 연구하고 전략, 전술을 지도하는 전문가가 따로 있으니 당연히 도움이 많이 되겠지요. 혼자서 한다는 건 마치 참고서 없이 공부하는 것과 마찬가지이죠.

Question **프로게이머의 수입은 어느 정도 인가요?**

정해진 기준은 없습니다. 호황기와 지금은 다르기도 하고요. 평균적으로 연습생들은 월 100만 원 이하로 많이 받지 못합니다. 후원 기업마다 다르겠지만 대기업 게임팀에서 주전 선수가 되면 일반 직장인 연봉의 1.5~2배 정도라고 생각하면 됩니다.

일반 스포츠 선수와 같이 대회 상금, 방송 출연료, 광고 출연료, 성과급 등의 부수적인 수입이 있기도 해요. 그러니 실력이 좋은 선수들은 많이 벌지만, 실력이 좋지 않으면 수입에서 차이가 크겠죠. 또, 게임의 종류에 따라 다르기도 합니다.

억대 연봉이 S등급이라면, A등급은 7~8천만 원, B등급은 3~4천만 원, C등급은 2천~1천 5백만 원, D등급은 1천 5백~1천 2백만 원 정도인 것 같아요.

Question **연봉이 낮은 선수들은 다른 대안을 갖고 있나요?**

팀 생활을 하며 훈련에 몰입해야 하는 상황에서 대안을 갖기란 현실적으로 어렵습니다. 어느 스포츠이든 마찬가지일 거예요.

한 예로, 프로야구 2군 선수들에 대해 조사했더니 많이 받는 선수가 월 2백만 원 수준이었고, 그 돈으로 배트나 글러브 등 장비까지 개인이 산다고 해요. 마이너리그 야구 선수들은 생활이 어려워서 연습이 끝난 후에 아르바이트를 하기도 한다고도 해요. 메이저리그 선수는 화려한 모습을 보여 주지만 실제 생활은 어려운 경우도 많다고 합니다. e스포츠 역시 마찬가지입니다. 합숙 생활을 하다 보니 다행히 주거비나 음식료품비로 지출은 거의 없습니다.

Question 게임 종목에 따라서 미래에 대한 불안감이 클 것 같은데요?

맞아요. 인기가 많던 게임의 인기가 하락하고 더 이상 유저들이 찾지 않으면 대기업의 후원이 끊기고, 게임팀도 해체되고, 대회가 없어지게 됩니다. 그렇게 되면 게임 종목을 바꾸거나 다른 새로운 길을 찾기도 해요. 선수마다 자신에게 잘 맞는 게임 종목이 있기 때문이죠.

현재 스타크래프트 I은 공식적으로 중지 상태입니다. 스타크래프트 I에서 독보적으로 S등급이었던 선수가 스타크래프트 II에서는 A등급으로 하락하기도 하고, 반면 스타크래프트 I에서 B, C등급이었던 선수가 스타크래프트 II에서는 S등급이 되기도 했어요. 종목에 따라서 등급이 내려갈 수도 있고 올라갈 수도 있죠.

Question 직업에서 보람을 느낄 때는 언제인가요?

프로 게임팀 감독은 보석 세공사와 같다고 봅니다. 가능성이 있는 원석을 찾아내어 잘 깎아 보석으로 만들어야 하는 사람이죠. 가공한 보석의 가치를 사람들이 알아보고 높은 가격에 팔리게 되면 그것으로 세공사의 능력을 인정받듯이, 감독 역시 마찬가지에요. 현실적인 측면에서도 선수가 대회에서 입상하는 게 제가 잘 되는 거예요. 기본적으로 선수의 가치가 올라가면 그들을 만든 저의 가치도 올라가면서 연봉도 올라가죠.

김민철 선수와 김유진 선수가 높은 기량을 발휘해 실력을 인정받고 좋은 팀으로 갔을 때, 제가 좋은 원석을 잘 다듬어서 멋진 보석으로 만든 기분이 들어 뿌듯했어요.

Question **프로 게임팀 감독의 직업 수명은 어느 정도인가요?**

아직까지는 직업의 수명이 짧은 편이에요. 그러나 e스포츠의 역사 또한 길지 않기 때문에 그럴 수 있다고 감안해 주세요. e스포츠의 역사가 길어지고, 지금보다 업계의 체계가 잡히면 달라질 수 있다고 봅니다.

일반 스포츠 구단과 마찬가지로 감독의 능력은 대회 성적으로 냉정히 평가받기 때문에 성적이 잘 나오지 않으면 바로 교체될 수도 있어요. 프로게이머로서의 생명이 다하더라도 그 역량을 발휘할 수 있도록 프로 게임팀 감독으로 경력이 이어지는 체계를 구축하는 것도 중요한 것 같아요.

Question **선수들을 잘 이끌기 위해 어떤 부분을 노력하나요?**

감독은 다양한 분야에 대해 관심을 갖고 유행에 민감해야 합니다. 감독은 선수, 팬, 후원사, 대회 관계자, 협회 관계자와 원활히 소통하는 것이 중요하기 때문에 다양한 분야를 알고 있어야 합니다.

또, 감독은 선수들에게 지시만 하는 것이 아니라 기량을 발휘하도록 보살피고 이끌어야 하기 때문에 그들의 마음을 읽어야 돼요. 대개 선수들은 어리고 저와 나이 차이가 많이 나다 보니 그들이 좋아하는 것이 무엇인지 눈높이를 맞춰야 합니다.

Question **어떻게 국가대표팀 감독이 되었나요?**

앞에서도 여러 번 언급했지만 초창기에는 게임 대회를 열 수 있는 상황이 전혀 갖춰지지 않은 상태였는데 국가 대항전을 기획하게 되었어요. 어떻게 게임팀을 구성해야 할지, 어떻게 국가대표팀을 선발할지도 모르는데도 말이죠. 하하.

국가 대항전을 위해 필요한 것들을 조사하기 위해 타 스포츠들의 사례를 조사했어요. 그 결과 필요한 것 중 하나가 '감독'이었어요. e스포츠의 역사가 길지 않았기 때문에 기존 프로팀의 감독이 선발 대상이 되었고, 그 중 제게 제안이 와서 하게 되었어요.

국가대표팀 감독이 되니 여러 국가에서 열리는 게임 발전을 위한 포럼이나 세미나 등에 참석하여 많은 정보를 접할 수 있어 좋더라고요. 그때 게임이 정식 스포츠 종목으로 인정받고 올림픽에도 출전하면 좋겠다는 생각을 했습니다. 그 후에도 감독으로 참여한 대회는 성공적으로 진행해 왔습니다.

🗨 Question 감독의 역할은 무엇인가요?

한 마디로 군대의 조교이자 학교의 선생님과 같은 역할이에요. 지금은 결혼을 해서 출퇴근을 하지만 그 전에는 숙소에서 선수들과 함께 생활했어요. 선수들 입장에서는 잠들 때까지 감독과 함께 생활하니 힘들었을 겁니다. 하하.

저 같은 경우, 오전 10시쯤 출근해서 새벽 2시쯤 퇴근합니다. 출근하면 선수들이 일어나 있는 것을 확인하고, 아침 식사를 챙기고 나서 본격적으로 연습을 합니다. 연습을 지켜보다가 저는 회사에 업무 보고할 것이 있으면 보고서를 쓰거나 선수들의 일정을 하나하나 챙깁니다. 과거에 비해 지금은 많이 줄었지만, 7년 전만 해도 일주일에 6일을 전국을 돌며 대회에 참여했으니 일정이 빡빡한 만큼 제가 할 일도 많았습니다.

감독의 주된 일은 선수를 훈련시키고 최고의 팀이 되도록 이끄는 일이에요. 대회 일정 관리도 하고, 선수들이 지치지 않고 자신의 최고 기량을 펼치도록 보살펴 주며, 인성에 대한 지도도 합니다. 또 회사와 선수 간 중간자 역할도 합니다. 감독이 팀의 모든 것을 책임지기 때문에 선수와 회사 간의 요구 사항이 있을 때는 각자의 입장을 대변해서 잘 전달할 수도 있어야 합니다.

매일 코치들과 선수 관리나 게임 전략 회의도 합니다. 밤새 선수들에게 별일은 없었는지, 선수들의 컨디션은 어떤지 등을 확인합니다. 군대 조교와 비슷하죠. 선수들 입장에서는 감시받는 기분이겠지만, 팀으로 단체 생활을 하는 것이고 제가 팀의 리더이기 때문에 선수들의 건강에서부터 후원 기업의 이미지까지 하나부터 열까지 제가 책임져야 하는 입장입니다.

게임 훈련을 시키는 건 주로 코치들의 역할입니다. 게임은 저보다는 코치들이, 코치보다는 선수들이 잘하는 것이 당연해요. 하지만 장기나 바둑과 같
이 무엇을 잘못하고 있는지 멀리서 보면 보이는 것들이 있는
데, 그런 것들을 파악하는 건 감독의 역할입니다.

그 외에 재능이 있는데 포기하려는 선수들을 포기하지 않
도록 다독여 주거나 혹독하게 훈련시켜 바로잡아 주는 것이
감독의 역할입니다. 예전에 집에서 출퇴근하는 데 3시간이 걸
렸었어요. 보통 퇴근해서 집에 가면 밤 12시 정도인데 새벽 1시에 선수가 고민이 있다며 당
장 얘기하고 싶다고 전화하는 경우도 있었어요. 바로 다시 숙소로 가서 새벽 5시까지 이야
기를 한 적도 있어요. 우리 선수이고, 우리 팀이 잘되기 위한 일이라면 상관없어요.

저는 선수들의 생활을 엄격히 관리하는 편이라 TV도 밤늦게까지 보지 못하게 합니다.
한창 때인 10~20대 초반 아이들이라서 어디로 튈지, 어떻게 반응할지 모르기 때문에 통제
해야 할 것들이 많아요. 집에서는 손에 물 한번 묻히지 않고 편하게 생활하다가 합숙 생활
을 하면서 설거지부터 배우는 거죠. 코치들이 있긴 하지만 보통 20대 중반에서 30대 초반
으로, 선수들과 나이 차이가 크지 않다 보니 엄격하기 보다는 친구처럼 지내는 편이에요.
그래서 감독이 엄격하게 통제해야 할 때가 많습니다.

Question 게임 대회 전 선수들의 생활 모습은 어떤가요?

게임하는 사람들 중에는 야행성이 많아요. 선수들에게도 밤부터 새벽까지가 가장 많은
활동이 이루어지는 시간입니다. 특히 대회 일정이 잡히면 그에 맞춰서 연습 시간도 더 늘
어나고요.

선수들은 한 게임을 이기기 위해 같은 맵을 수백 번 반복 연습합니다. 반복적인 훈련이
게임 감각을 늘리는 데 좋거든요. 감각을 키우는 연습과 함께 게임하는 데 나쁜 습관이 있
다면 지적해서 고치도록 합니다. 쉬는 날은 고정되어 있지는 않고 경기 일정에 따라 휴일
을 정합니다. 휴일에는 선수들이 원하는 것을 하도록 일체 관여하지 않습니다.

한국e스포츠협회에서 준프로게이머 자격을 위한 대회를 개최해요. 준프로게이머 자격을 받는다는 것은 게임팀에 들어가서 프로게이머로 활동할 수 있는 자격을 부여받는 거예요. 간단한 대회로, 1차 시험 합격과 같은 겁니다.

스타크래프트 I때에는 한 달에 4번 서울, 광주, 부산 등 전국적으로 대회가 열리고 여기서 뽑힌 사람들이 서울에 모여 또 대회를 하는 방식으로 2000명 이상이 8명 안에 뽑히기 위해 대회에 참가했어요. 이렇게 뽑힌 32명의 준프로게이머를 두고 각 기업의 게임팀 감독이 모여 팀원 선발을 위한 드래프트(Draft)를 합니다. 대회 성적이나 인성, 가치관 등을 고려해서 뽑아요. 실력도 물론 중요하지만 각자의 팀 성향에 잘 맞을 것 같은 선수를 가려내는 것이죠.

불과 3~4년 전만 해도 경쟁률이 높아서 게임팀에 들어가는 일이 매우 힘들었어요. 감독의 눈에 띄려고 삭발을 하고 나타난 선수도 있었으니까요. 하하. 일반적으로는 팀 감독이 스카우트를 하지만, 자신이 원하는 팀에 들어가고 싶다고 준프로게이머가 되기 전부터 광고를 하고 다니는 친구들도 있었어요.

생생 tip

드래프트(Draft) : 스포츠 분야에서 신인 선수를 선발하는 것을 일컫는다.

Question 준프로게이머 중에 몇 명이나 스카우트될 수 있나요?

스타크래프트의 기준으로 보면, 호황기 때는 준프로게이머 중에서 5~60% 정도가 스카우트되었어요. 하지만 스타크래프트의 인기가 하락한 요즘의 경우는 전체 준프로게이머의 10% 정도가 스카우트되는 것 같아요.

행정가가 되어
한국 e스포츠의
미래를
설계하다

Question 한국e스포츠협회는 어떤 일을 하는 곳인가요?

한국e스포츠협회는 국민의 여가 선용 기회 확대와 국민 경제의 건전한 발전에 이바지하는 데 필요한 e스포츠 사업들을 진행하는 곳이에요.

협회가 하는 일은 문화체육관광부와 협업하여 e스포츠 전반에 대한 중·장기적인 정책 방향을 수립하고, e스포츠를 정식 체육 종목으로 만들기 위해 노력합니다.

또한, 가족 e스포츠 페스티벌 등의 이벤트를 개최하고, 골목 PC방 대회 활성화를 추진하여 e스포츠의 대중화와 e스포츠 콘텐츠 강화를 위한 노력을 합니다.

그외 프로 e스포츠 대회 운영 및 게임팀과 프로게이머들의 권익 보호를 위한 노력 등 e스포츠 산업에 대한 전반적인 일을 한다고 보시면 됩니다.

Question 한국e스포츠협회에서 맡은 일은 무엇인가요?

수많은 경기를 모니터링하며 '어떻게 하면 좀 더 재미있게 경기를 치를 수 있을까?', '더 많은 관객을 모으기 위해서는 어떤 이벤트를 열어야 할까?' 등을 구상하는 기획자의 역할을 하고 있어요. 경기의 모든 것을 총괄하는 일입니다. e스포츠의 활성화를 위해서라면 이전에 없었던 일이라도 제가 만들어야 하는 자리입니다.

Question **협회의 경기위원장이 될 수 있었던 이유는
무엇인가요?**

이 분야에서 오래 활동하다 보니 자연스럽게 주변에서 경험이 풍부한 사람들 중 저를 추천해 준 것 같아요. e스포츠가 국내 처음 만들어질 때부터 활동을 시작했기 때문에 전체적인 그림을 볼 줄 안다고 판단한 것 같습니다. 협회에서 연락이 와서 경기위원장을 맡아 줄 수 있냐고 물었을 때 흔쾌히 응했습니다.

Question **진행한 프로젝트 중 가장 기억 남는 것은
무엇인가요?**

제가 위원장을 맡은 후 클린 e스포츠 캠페인을 벌이고 있습니다. 얼마 전 승부 조작 건이 화제가 되어 그 부분에 대해서 대대적으로 조사하고, 관련 업무를 처리했던 것이 가장 기억에 남습니다.

안타까운 일이지만 앞으로 이런 일들을 일어나지 않도록 환경을 개선하고, 더 건전한 문화로 만들어 가도록 노력 중입니다. 클린 e스포츠의 중심인 건전 e스포츠 여건 조성에 힘쓰겠습니다.

Question **e스포츠의 시장 규모는 어느 정도인가요?**

공식적으로는 3조 원 정도의 규모인데, 해가 갈수록 더 커지지 않을까 생각합니다.

Question e스포츠 분야에서 이루고 싶은 것은 무엇인가요?

한국 e스포츠의 위상은 이미 세계적으로 높아져 있지만, 중국이 그 뒤를 바짝 따라잡은 상황입니다. 저는 한국e스포츠협회가 표본이 되어서 전 세계에 e스포츠 분야를 개발하고자 하는 모든 단체들이 한국에 와서 배울 수 있도록 만들고 싶어요.

현재 일본은 'e스포츠의 황무지'입니다. 일본에서는 PC 게임에 관심이 별로 없는 상태거든요. 현재 우리나라에는 일본의 e스포츠 산업을 개발하기 위한 담당자가 있어요. 만약 언어가 된다면 일본은 저도 도전하고 싶은 지역이에요.

또, 세계적으로 e스포츠 산업을 더욱 발전시키고 싶어요. 그렇게 되려면 우선해야 할 것이 게임에 대해 유독 좋지 않은 시선을 가진 우리나라에서 게임이 건전한 놀이 문화가 될 수 있다는 것을 알려야 하겠지요. 인식 개선은 매우 중요한 부분이지만 그만큼 힘든 일이에요. 국가 차원에서 컴퓨터 게임을 제한하는 정책들이 바뀌고, 산업 발전에 대한 지원이 이뤄진다면 훨씬 힘이 될 것 같습니다.

또, 현재 프로게이머들을 위해 프로게이머에서 코치로, 코치에서 감독으로, 또 감독 이후에는 그 경력을 살릴 수 있는 다양한 진로 로드맵을 만드는 것이 제가 협회에서 해야 할 일 중의 하나라고 생각합니다.

정식으로는 e스포츠가 생긴 지 10년 밖에 되지 않았어요. 10년 만에 모든 것을 이룰 수는 없겠죠. 인위적이기 보다는 자연스럽게 생긴 문화이기 때문에 아직 전문적 인력도 없는 상황이고 더 많은 연구가 필요해요. 현재 한국콘텐츠진흥원에서도, e스포츠협회에서도 많은 연구를 하고 있고, 가야할 길이 멀기에 해야 할 일들이 너무나 많습니다.

Question e스포츠에 대한 주변의 인식은 어떤가요?

예전보다는 긍정적 시선으로 변화되긴 하였지만, 최근 게임 중독법 등의 정치적, 법적 제도들이 생겨나면서 e스포츠 이미지에 큰 타격을 입었습니다. 게임 중독법이 통과된 상태에서 게임팀을 만들어 운영하면 부정적인 이미지가 형성될 것이라고 우려하는 기업들이 늘어나 예전보다 후원 기업을 구하기 어려워졌어요.

e스포츠에 대한 사회적 인식을 개선하기 위해 어떤 활동을 하고 있나요?

한국e스포츠협회에서는 연 1회 가족 게임 대회를 개최해요. 가족 단위로 와서 아이들이 부모님과 게임을 하니까 반응이 매우 좋아요. 처음에는 '스타크래프트 가족 대항전'으로 시작했었지만, 반응이 좋아 이후에는 하나의 게임에 국한하지 않고 '윈드러너' 등 가볍고 쉬운 게임들을 포함시켜서 개최하고 있습니다.

이처럼 가족과 함께 즐길 수 있는, 보다 다양하고 재미있는 게임 이벤트들이 지속적으로 열렸으면 좋겠어요. 게임이 건전한 가족 문화 중 하나로 자리 잡게 되면 프로게이머에 대한 인식도 보다 긍정적으로 바뀌지 않을까요?

대학교에 게임학과가 생겨나고 있는데, e스포츠 산업 발전에 도움이 될까요?

대학교에 관련 학과가 생겨나고 점차 늘어나는 것은 e스포츠의 발전에 긍정적인 신호라고 생각합니다. 하지만 지금 막 생겨난 단계이기 때문에 얼마나 긍정적 영향을 미칠지는 예상할 수 없어요.

앞으로 대학 기관과 한국e스포츠협회, e스포츠 업계가 협업하여 서로 윈-윈(win-win)할 수 있는 방안들을 만들어야 할 것 같아요. 학교에서 전문적인 게임 코칭을 받는다거나, 프로게이머 선수들이 은퇴 이후에 대학에서 역량을 발휘하는 등 나양한 사례들이 생겨나면 점차 정착이 되겠지요.

프로게이머가 되기 위해 대학 진학은 도움이 되나요?

현재 대학의 교육 과정이 프로게이머의 성적 향상에 크게 도움이 된다고 보긴 어렵습니다. 저는 스무 살 때 대학을 가지 않았어요. 수능을 안보고 하고 싶은 일을 해 보자는 모험을 한 겁니다. 주변에서 대학 안가도 되겠냐고 모두 걱정했지만, 공부가 아닌 다른 걸로도 성공할 수 있다는 것을 보여 주자고 생각했고 의지도 강했어요. 어린 나이지만 공부로는 성공할 수 없겠다고 생각해서 일찌감치 포기했던 거죠.

그러다가 감독으로 일하면서 대학에 진학했는데, 좀 더 다양한 일을 하기 위해서는 대학에서 공부를 해 보는 것이 좋겠다는 주변의 조언이 결정적이었어요. 이왕 대학에서 공부를 할 거라면 게임이 어떻게 만들어지는지 알고 싶다는 생각에 게임애니메이션과에 들어갔어요. 그때가 30대 초반이었습니다.

대학에 진학하고 공부에 대한 생각이 바뀌었어요. 억지로 하는 게 아니라면 무엇이든지 배우고 아는 것이 좋겠다는 생각이 들었어요. 지금은 무엇이든 배우고 익히면 나의 프로필이 되어 언젠가는 내가 가는 길에 도움이 될 수 있다고 생각해요.

 프로게이머를 꿈꾸는 학생들에게 한마디 부탁드려요.

프로게이머는 학업 성적이 아닌 자신의 노력 여부에 따라 성공할 수 있는 직업이라고 생각합니다.

게임이 정말 좋다면 프로게이머의 길에 들어서도 좋지만 결과에 대한 책임은 스스로 져야 한다는 것을 명심했으면 좋겠어요. 게이머가 되면 포기해야 할 것들이 있어요. 대체로 게이머는 어린 나이에 시작하기 때문에 친구들과 공부하며 즐기는 또래의 삶을 어느 정도 포기해야 할 수도 있습니다. 프로게이머로 진로를 정했다가 성공하지 못하면 게임을 그만두고 다시 공부를 시작해야 하는데 그동안 공부에 손을 놓고 있었기 때문에 막막할 거예요. 하지만 스스로 선택한 길이기에 누구도 원망할 수가 없는 거죠.

　실제로 게이머로 실패한 사람들 중에는 다른 직업으로 이직하지 못해 생계유지에 영향을 받는 친구도 있고, 새롭게 공부해서 회계사가 된 친구도, 대기업에 들어간 친구도 있어요. 스스로 어떻게 마음먹고 행동하느냐에 따라 다르지만, 학창 시절 2~3년에 대한 공백과 그에 따르는 큰 책임은 감수해야 한다는 말입니다. 이를 감수하고도 하고 싶다면 부모님을 설득해야죠. 만약 스스로 판단이 잘 서지 않는다면 부모님과 상의해야 합니다. 나를 가장 잘 아는 가장 좋은 조언자는 부모님이에요.

Question 진로를 고민하는 학생들에게
한 마디 부탁드려요.

　공부 못한다고 좌절하지 마세요. 공부는 잘할 수도 있고 못할 수도 있지만, 못해도 성공할 수 있어요.

　또, 마음에 와 닿는 봉사활동을 많이 했으면 좋겠어요. 많은 사랑을 받는 만큼 주변에 베풀면 행복할 거라고 생각해요. 저 역시 그동안 베풀며 살아 본 적이 없는 것 같아 신혼여행을 포기하고 고아원에 찾아가 신혼여행에 쓰려던 비용을 기부했어요.

박태민 해설 위원은 2000년 PC방에서 열린 게임 대회에서 2위를 하며 프로 게임팀의 러브콜을 받았다.

2001년 고등학교 1학년 때 한국e스포츠협회로부터 프로게이머로 공식 인증을 받고 활동하면서 잠시 휴학을 했다.

학업을 위해 게이머를 잠시 그만 두었으나 GO팀과 SK텔레콤 T1팀을 거치면서 2년 만에 재기에 성공했다.

2009년 공군 ACE팀에 입대하였고, 2011년 전역하면서 온게임넷의 해설자로 활동하고 있다.

- -

게임 해설자 **박태민**

- 현) 온게임넷 해설위원
- 대한민국 공군 ACE 소속 선수
- SK텔레콤 T1팀 소속 선수
- CJ 엔투스 팀 소속 선수
- 아주대학교 미디어학과 졸업

e스포츠 전문가의 스케줄

박태민
게임 해설자의
하루

23:00 ~ 24:00
▸ 귀가 및 방송 모니터

08:00 ~ 09:00
▸ 아침 식사

19:00 ~ 20:00
▸ 저녁 식사
20:00 ~ 23:00
▸ 방송 촬영

09:00 ~ 12:00
▸ 개인 방송 해설
(아프리카TV 등)

14:00 ~ 15:00
▸ 방송국 이동
15:00 ~ 19:00
▸ 메이크업, 사전 리허설 진행

12:00 ~ 13:00
▸ 점심 식사
13:00 ~ 15:00
▸ 영어 공부 및 운동

게임에 승부를 건
학창시절

Question 어린 시절의 꿈은 무엇이었나요?

초등학교 때는 막연히 파일럿이나 경찰 등을 꿈꿨어요. 어떤 이유가 있어서가 아니라 역동적인 활동에 흥미가 많았기 때문이었어요. 어릴 때는 부모님께서 '집이 여관이냐?'고 하실 정도로 잠자는 시간 외에는 항상 밖으로 돌아다녔거든요.

하지만 진로 선택을 현실적인 문제로 생각하면서부터는 남들처럼 살고 싶다는 생각에 평범한 회사원이 되길 꿈꿨어요. 그래서 상업 고등학교에 진학했고요.

Question 부모님께서 기대하신 직업은 무엇인가요?

기대하셨던 직업은 없었어요. 그저 평범하게 취업해서 돈을 벌기를 바라셨어요. 저 역시 마찬가지였고요.

당시 프로게이머를 한다는 것에 많이 반대하셨어요. 아마 그저 어린 나이라 게임으로 즐긴다고만 생각하고 평생 할 수 있는 직업이 될 수 없을 거라 생각하셨겠지요. 그런데 게임으로 돈을 벌고부터는 좋아하시더라고요. 하하. 직업이 될 수 있다는 것을 이해하게 되신 것 같아요. 그 뒤부터는 오히려 더 물심양면으로 지원해 주셨어요. 부모님의 지지가 힘이 많이 됐어요.

Question 학교에서는 어떤 학생이었나요?

우승하기 몇 달 전에 학교를 그만 뒀었어요. 밤에 집에서 게임을 하다 보면 새벽 7시까지 하고는 잠들어서 학교를 못 가게 되는 거예요. 부모님도 어느 정도는 저의 재능을 인정하셨기 때문에 원하는 대로 하라고 용기를 주셨어요. 그래서 저는 학교생활에 대한 추억이 별로 없네요.

부모님께서는 특별한 교육을 시키는 건 아니어도 어떤 일을 하는 것에 대해 큰 간섭을 하지 않으셨어요. '공부하라'는 이야기를 하신 적이 없어요.

부모님은 어떤 분이셨나요?

아버지는 식구들이 구두쇠라고 부를 정도로 검소하고 부지런하세요. 회사에서 상패도 받으실 정도였죠. 초등학교 때만 해도 연탄불을 피우는 방 한 칸에서 네 식구가 살 정도로 형편이 어려웠어요. 초등학교 졸업 앨범도 못살 정도였으니까요.

하지만 부모님은 차근히 돈을 모아 빌라로 이사를 했어요. 이런 부모님을 보고 '부지런하면 뭐든지 할 수 있구나.' 라고 생각했어요.

그래서인지 저는 나이보다 의젓한 아이였고, 아직도 남들보다 검소하게 생활하는 편이에요. 기본요금 정도의 거리라며 매일 택시를 타는 사람들이 저로서는 잘 이해가 되지 않았어요. 마을버스를 타면 택시보다 더 절약할 수 있으니까요. 남들은 제게 유별나다고 하지만 저는 어릴 때 차비를 모아 오락실 게임비로 쓰려고 산을 넘어 걸어 다녔기 때문에 그런 것들에 익숙해서 별로 힘들지 않았어요.

억대 연봉을 받는 선수 시절에도 부모님께 맡기고 용돈을 받아썼어요. 제가 게임팀에 들어가 성실하고 부지런하게 연습할 수 있었던 것도 아버지의 영향이 컸던 것 같아요.

승부욕에 발동을 건
**게임에 빠져
프로게이머가
되다**

프로게이머가 된 계기는 무엇인가요?

중학교 시절, 매주 교회에서 예배가 끝나면 친구들과 놀곤 했어요. 어느 날은 전도사님께서 동네 PC방으로 데리고 가셨는데 그날 스타크래프트를 처음 접하고는 바로 빠져버렸어요. 그 이후부터는 오락실에 가지 않고 매일 PC방만 다녔어요. 그 당시에는 PC방에서 손님을 끌기 위해 작은 게임 대회를 열었어요.

어느 PC방에서 길드 원을 뽑는데, 길드 원에 뽑히면 PC방 무료 이용권을 준다는 거예요. 저는 집안 형편이 어려워서 한 달에 용돈 만 원을 받는데 PC방에 가면 하루 만에 다 써버릴 정도였어요. 용돈이 바닥나면 게임하는 사람들 뒤에 서서 게임을 구경했는데, 그럴 때면 제가 측은했는지 친분 있는 형들이 제 게임 비용을 대신 내주곤 했어요. 그렇기 때문에 PC방을 무료로 이용할 수 있다는 건 엄청난 상금이었죠. 기를 쓰고 연습을 했고, 길드 원에 뽑혔어요. 그때 게임을 제대로 많이 배웠어요.

결정적인 계기는 우연히 참가한 대회에서였어요. 동네보다 규모가 더 큰, 상금 30만 원 정도 규모의 대회가 열렸고, 저는 친한 형이 참가한다고 해서 구경을 하러 갔어요. 사실 참가비 2천원이 없어 참가 신청을 못했거든요. 하하. 그런데 운 좋게 경기장에서 만난 다른 형이 '네 실력이면 충분히 우승을 노려 볼 수 있는데 왜 참가하지 않냐'며 참가비를 내줘서 참가할 수 있었어요. 당시 모든 유명한 선수들이 참가한 대회였는데, 그 선수들을 제치고 2등을 했어요. 그랬더니 프로 게임팀의 매니저에게서 연락이 오더라고요. 그전까지는 스스로 게임을 잘한다는 생각도 없었고, 프로게이머가 되겠다는 생각을 해 본 적도 없었는데 얼떨결에 대회에 나갔다가 프로게이머가 됐네요.

원래 게임에 재능이 있었나요?

어린 시절부터 게임에는 소질이 있었던 것 같아요. 오락실 다닐 때도 늘 2등 안에는 들었거든요. 아마 승부욕이 강해서인 것 같아요. 승부욕이 너무 강해서 지고는 못살아요. 한번 목표를 정하면 그것을 이룰 때까지 뒤도 안돌아보고 달리죠.

당시 같은 중학교 친구가 PC방에서 게임을 가장 잘하는 것을 보고 반드시 이기고 싶다는 생각이 들면서 자극을 받아 결국 이기기도 했어요. 또, 승부욕 때문에 여자 친구와 보드게임을 하다가 싸운 적도 있어요. 하하. 게임 설명서가 영어로 돼 있었는데, 영어 실력이 좋은 여자 친구가 설명서를 혼자만 읽고 저에게는 게임 방법을 알려주지 않는 거예요. 공정한 게임이 아니라는 생각에 화를 내버렸어요. 모든 부분에서 이런 것은 아니지만 꼭 이기고 싶다는 생각이 들 때가 있어요.

Question **게임에 필요한 재능은 무엇인가요?**

실력은 노력으로 만들어진다고 하지만, 타고난 재능을 무시할 수는 없습니다. 게임을 하는 데 필요한 여러 가지 재능이 있지만 그 중 승부욕이 가장 중요한 거 같아요. 승부욕이 없어져도 아무렇지 않은 사람보다는, 저처럼 지면 분하고 억울해서 밤을 새서라도 연습하는 사람들이 더 빨리 성장하는 거 아닐까요.

또, 게임을 성공적으로 진행해 가려면 센스가 필요해요. 게임 자체를 이해하는 능력, 게임을 분석하는 능력, 게임의 진행을 이끄는 능력, 위기 상황에 대처하는 능력, 상대 선수의 심리를 파악하는 능력 등이 중요하겠지요.

Question **게임팀마다 분위기는 어떤가요?**

기업마다 특색이 있기 때문에 소속 게임팀마다 분위기가 다릅니다. 또 감독님들의 성향에 따라 다르고요. 각각의 장단점이 있습니다.

처음 입단했던 GO팀은(현 CJ 엔투스) 감독님이 선수들의 재능을 인정해 주고 칭찬을 많이 해 주셨어요. 팀 선수들과도 가족같이 안정되고 편안한 분위기였어요. 그래서 대회 성적도 좋았어요. 단점은 옆에서 칭찬을 많이 해 주시니 정말 우리 팀이 최고인 줄 착각하고 나태해지더라고요. 하하. 그러다가 결국엔 팀이 해체되었지요.

다음으로 들어간 SK텔레콤 T1팀은 개인의 성적을 냉정하게 평가하는 반면 잘한 것에 대한 대우는 굉장히 좋은 편이었어요. 감독님이 칭찬을 아끼는 엄한 분이셨고, 차분한 분위기 속에서 스파르타식으로 훈련을 해서 선수들끼리의 대화나 외출도 잘 할 수 없었어요. 당시 친구들과 어울려 놀기 좋아하는 학창 시절이라 그런 훈련 방식이 힘들었어요. 특히 제가 학교로 복학하면서 2년 정도 프로게이머를 그만 둔 적이 있었어요. 그러다 보니 팀 내의 최하위 선수로 시작했어요. 그 공백을 빨리 메울 수 있도록 더 엄하게 하셨던 것 같아요. 엄한 감독님께 인정받겠다는 승부욕이 발동하면서 2년간은 일요일에 교회 예배에 참석하는 것 외에는 외출도 하지 않고 죽기 살기로 연습에만 매진했어요. 결국 2년간의 공백을 딛고 재기할 수 있었죠.

지금 생각해 보면 저는 누군가 옆에서 채찍질하고 끌어 줘야 잘하는 스타일이었어요. 승부욕이 강하긴 하지만 자발적으로 목표를 세우는 것에는 서툴렀어요.

하루는 대전에서 팬들이 찾아왔어요. 너무 멀리서 왔기에 그냥 보낼 수가 없어서 연습 시간임에도 불구하고 나가서 밥을 사주고 왔어요. 다녀와서 정말 크게 혼났죠. 당시 저는 제가 당연한 행동을 했다고 생각했는데 감독님은 인기에 연연해 겉멋에 빠지고 연습을 소홀히 할까봐 더욱 크게 혼을 내셨던 거예요.

훈련이 힘들었다는 건 저를 생각해 주는 감독님 밑에서 좋은 트레이닝을 받았다는 것을 의미하기도 하죠.

 주변의 인식은 어땠나요?

당시 한국e스포츠협회가 막 생기고 체계가 잡혀 있지 않을 때였거든요. 그래서 가족이나 친구, 친척들은 게이머가 뭔지도 모르고, 그런 직업이 있다는 걸 신기해하기만 했어요. 직업이 생계를 유지하는 데 안정적인지, 오랫동안 할 수 있는지, 유사한 업계로 전직이나 이직이 가능한지에 대한 관심보다는 단순한 호기심이 더 많았던 것 같아요.

오히려 3~4년이 지나자 수입이나 미래 안정성에 대한 질문들이 생겨나더라고요.

게이머를 시작하며 두려움은 없었나요?

초창기에는 게이머를 하는 누구도 그런 생각은 하지 않았을 거예요. 게이머가 되기 위해 게임을 한 것도 아니고 그저 좋고, 재밌어서 몰두할 수 있었거든요. 해야 하나 말아야 하나를 고민할 정도로 여유 있는 사람이라면 프로게이머가 될 수 없었을 거예요.

오히려 게임팀에 소속되어 월급을 받으면서부터 '내가 지금 뭘 하고 있지?, 왜 이걸 하고 있지?'라는 생각이 들었어요. 점수를 내고 대회에서 우승해야만 저의 존재가 가치가 있으니 꼭 로봇 같다는 생각이 들면서 두려워지더라고요. 하하.

PC방 대회에 가면 서로 모여서 게임하고 이기든 지든 게임이 끝나면 파티처럼 즐기는 분위기였어요. 누가 이기고 지느냐는 중요한 게 아니었죠.

Question 월급을 받는 게이머가 되었을 때 어땠나요?

SKT와 KTF가 고액 연봉을 주는 최초의 팀이었어요. 그 이후로 CJ, 팬택 등이 속속 생겨났어요. 그런데 고액 연봉을 받는 선수들 중 힘들어 하는 선수가 많았어요. 물론, 저 역시 마찬가지고요. 팀 분위기가 예전 같지 않았던 거예요. 개인의 성적에 따라 연봉이 정해지니까 팀 내에서도 서로 경쟁하는 분위기가 형성되고, 즐기기 보다는 일로 여겨 책임감을 느끼고 스트레스를 받으니 그럴 수밖에 없죠.

회사는 홍보나 수익을 위해 게임팀에 투자하는 것이기 때문에 게이머는 성적을 내줘야 해요. 그러니 회사에서도 선수들에게 요구하는 게 많아지는 거죠.

Question 선수가 팀에 지원하기 보다는 팀에서 선수를 스카우트 하는 것이 대부분인가요?

보통 스카우트되는 경우가 대부분이에요. 저 역시 스카우트 되어 팀에 들어갔어요. 제가 회사를 선택하는 것이 아니라 회사가 저를 뽑는 것이다 보니 팀 분위기가 저와 맞지 않는 경우에는 많이 힘들어서 후회하기도 했어요.

SK텔레콤팀은 경쟁 분위기가 심해서 선수들의 성향이 개인주의였거든요. 이전에 있던 GO팀은 휴일이 되면 선수들이 다 같이 놀거나 함께 게임을 하곤 했는데, SK의 선수들은 밖으로 나가 개인적인 시간을 보내더라고요. 분위기가 너무 상반된 곳이다 보니 저는 적응하기가 힘들었어요. 그래서인지 오히려 실력이 늘지 않더라고요.

게임팀에 들어가 보기 전에는 팀의 분위기가 어떤지, 자신과 잘 맞을지 알기 어렵기 때문에 스카우트 기회가 주어지면 연봉을 보고 판단하는 경우가 많죠.

Question 게임팀의 하루 일정은 어떤가요?

소속 게임팀마다 다릅니다. 아침 9시에 기상해서 새벽 3시까지 연습하는 팀도 있고, 체계적으로 짧게 연습하는 팀도 있어요. 하루 8시간만 훈련하고 나머지는 자율적으로 연습하는 거죠. 휴일도 적은 팀도 있고, 많은 팀도 있고요.

팀 내의 훈련 시간도 항상 정해진 것이 아니라, 게임 대회의 일정에 따라 유동적입니다. 대회가 보통 주말에 많이 열리기 때문에 휴일 역시 대회 일정에 맞게 정해지고요. 기상, 휴식, 취침, 식사 시간까지 일반 사람들의 생활 패턴과는 다른 경우가 많습니다.

Question 훈련 방식은 어떻게 정해지나요?

팀마다 스파르타 방식, 체력 보강을 위해 운동을 중요시하는 방식 등 훈련 방식이 다른데, 대회에서 우승하는 팀의 훈련 방식이 좋은 거라고 생각해 기준이 되곤 합니다. 우승 팀의 훈련 체계를 다른 팀들이 따라하는 거죠.

실제로 당시 SK텔레콤팀은 운동도 연습의 하나로 여겨 팀에서 의무적으로 운동을 하게끔 했어요. SK가 여러 번 우승을 한 다음부터는 다른 팀들도 운동을 중요하게 생각하더니 이제는 체력 관리가 훈련의 중요한 한 부분으로 자리 잡은 것 같아요.

운동량 역시 선수마다 다릅니다. 체력 관리에 신경을 쓰는 선수가 있고 전혀 신경 쓰지 않고 연습만 하는 선수가 있어요. 개인적으로는 운동을 하지 않고 게임만 하는 것보다, 운동으로 체력을 기르고 집중력을 높이는 게 게임 실력을 높이는 데 도움이 된다고 생각합니다.

선수들 개인적으로도 방송에 얼굴이 자주 비춰지고 팬들이 생겨나다 보니 밝고 건강한 이미지를 만들기 위해 운동에 신경을 씁니다. 그래서 TV에 많이 비춰지는 선수일수록 점점 더 멋있어지는 것 같아요. 하하.

Question 팬들의 관심이 성적에 영향을 미치나요?

그것 또한 선수마다 다릅니다. 팬들의 열렬한 응원으로 큰 시너지 효과를 내는 경우도 있고, 팬과 구설수에 오르는 부정적인 결과를 낳는 경우도 있었어요.

저는 팬들에게서 많은 힘을 받았던 경우에요. 저는 2년간 공백을 메우느라 죽기 살기로 힘들게 연습하고 우승해서인지 어느 순간부터 저를 알아봐 주는 팬들이 정말 고마웠어요. 선수에게는 성적과 연봉도 중요하지만 우승했을 때 그 기쁨을 함께 나눌 수 있는 팬도 중요해요. 이 일의 금전적인 부분만 보고 시작한 것이 아니어서인지 이겼을 때 팬들이 응원하고 환호해 주는 것이 저에겐 더 큰 행복이었어요. 팬들이 많을수록 기운이 나기 때문에 팬들이 떠나면 기운이 빠지기도 해요.

저는 팬들에게 먼저 말 걸고 친근하게 대하는 성향이라 팬들과 친하게 지내요. 10년 이상 연락하고 지내는 팬도 있어요. 군대 면회도 와 주었던 팬은 친구가 되었죠. 하하.

용감하게
게임 해설자의
길을
찾아 나서다

군 제대 후부터 바로 해설자로 활동했습니다. 사실 선수로 좀 더 활동하고 싶었어요. 하지만 군대에 입대하며 팀과의 계약이 끝난 상태라 복귀할 소속팀이 없어진 거예요. 게다가 입대 전에 하던 게임이 아닌 새로운 게임으로 다시 익혀 대회에서 입상해야 하는 상황이 많이 부담스러웠어요. 또, 그저 게임이 좋아 시작할 때와는 달리 이제는 제가 집안의 가장으로서 경제적인 부분을 책임져야 한다는 생각이 들었거든요.

선수로 활동할 때 간간히 게임 방송국의 예능 프로그램에 나가면 방송 후 재미있게 이야기한다는 칭찬을 자주 들었어요. 또, 이벤트로 열리는 게임 대회의 해설을 했던 경험이 있어서 해설을 해 보고 싶다는 생각이 들더라고요. 그래서 휴가를 나와 온게임넷의 PD님께 제 의견을 전달했습니다. 고심 끝에 저를 받아 주셨어요. 그래서 전역 며칠 후부터 해설을 하게 된 겁니다.

Question 게임 해설자가 되고 나니 기분이 어땠어요?

해설자가 되려고 마음먹을 때만 해도 저는 어떤 일이든 자신감을 갖고 하면 잘 된다는 생각이었어요. 군대를 제대하자마자였으니 자신감이 과하게 넘쳤죠. 하하. 군대 내에서도 대회 전에 하는 행사에서 해설을 많이 했었거든요. 그런데 막상 해설자로 데뷔해 보니 준비도 덜 된 상태에서 뛰어들었던 만큼 시청자들에게 질타를 많이 받았어요. 1년 동안은 욕을 듣지 않은 날이 거의 없어요. 준비가 덜 된 상태에서 자신감만으로 뛰어드는 건 만용이었다는 생각이 들어요.

처음엔 캐스터가 저의 경력을 고려해서 일부러 어려운 질문을 하지 않고, 쉽게 대답할 수 있는 질문만 하는 등 신경을 써 주었어요. 별거 아닌 해설을 보다 전문성 있게 포장해 주기도 하고요. 이렇게 좋은 사람들이 앞에서 끌어 주고 옆에서 도와주어 이제까지 잘 버텨 온 것 같아요.

Question 게임 해설자가 되는 방법은 무엇인가요?

현재 게임 해설자는 선수 출신들이 많은데, 보통은 방송국에서 먼저 제의를 해옵니다. 반대로 해설자가 되고 싶다고 방송국에 직접 지원하기도 해요. 제가 해설을 하고 싶다고 스스로 방송국에 지원한 경우이죠.

방송국에서도 예능 프로그램에서 보여 지는 언변이나 방송 후의 반응을 통해 저의 가능성을 눈여겨봤기 때문에 허락했어요. 저처럼 이벤트성 게임 해설이든, 개인 방송에서든 꾸준히 해설자로서의 가능성을 보여주는 것이 방송국에 지원하는 데 도움이 될 것 같아요. 방송국에서는 그런 경력들을 보고 판단하는 경우가 많거든요.

Question 게임 해설자에게 필요한 역량은 무엇인가요?

한 번에 여러 가지 일을 할 수 있어야 하며, 관련 지식을 습득하는 데 최선을 다해야 합니다. 일반적으로 게임 해설은 3인 중계로, 해설자 2명과 캐스터 1명으로 이뤄져요. 캐스터는 스포츠 아나운서로 경기를 전체적으로 스케치하고, 해설자는 자신의 경험이나 지식을 바탕으로 색을 입히는 역할을 합니다.

해설자는 경기가 진행되는 동안 화면을 보면서 경기의 흐름과 장면을 정확하게 설명하고 시청자들이 경기를 볼 때 도움이 되는 유익한 정보를 전달해야 하죠. 그리고 그 전달 방법이 경기를 시청하는 데 방해가 되지 않도록 해야 하고요. 또 경기가 재미있게 진행되도록 분위기를 조성하는 것도 우리의 역할이지요. 그렇게 하기 위해서는 저 혼자만 잘한다고 되는 것이 아니라 캐스터와 다른 해설자와 조화를 이루면서 같이 잘해야겠지요. 그만큼 순발력과 협동심이 필요한 직업이에요.

이 모든 것을 순발력 있게 몇 초 내에 생각하고 말로 표현해야 해요. 그래서 처음엔 적응하기도 힘들었고, 정말 많이 더듬거렸죠. 캐스터의 질문과는 관계없는 제 생각만 이야기한다고 핀잔도 들었습니다.

대회를 중계하는 사람들끼리 모여 있으면 대화가 끊이지 않는 직업병까지 생겼어요. '적막감이 흐르면 안 된다.'는 강박관념에 그냥 계속 말을 하는 거예요. 하하.

Question 두 해설자의 해설 분량은 어떻게 조절하나요?

해설자는 프리랜서이고, 짜인 대본대로 읽는 것이 아니기 때문에 더 많은 해설을 하고자 해설자 간에 기 싸움이 심한 편입니다. 해설자가 두 명이기 때문에 한 명이 부각되면 한 명은 당연히 묻히게 됩니다. 그러다 보면 나를 돋보여야겠다는 생각에 내가 하고 싶은 말만 한다던지, 상대방의 말을 무시한다든지 해서 기 싸움

이 과해지게 됩니다. 이렇게 하면 '진행이 불안하고 재미없다.'라고 시청자에게서 바로 피드백으로 돌아옵니다.

그래서 해설자 간 조율을 잘해야 해요. 서로 의견을 존중하고 배려해야 하죠. 경험이나 지식이 부족하면 상대 해설자의 말에 반박하거나 충분한 설명을 해줄 수 없어 상대 해설자의 진행 흐름에 그대로 따라가는 경우가 있지만, 점차 경험이 쌓이면 서로 윈-윈하는 방법들도 알게 되죠.

또 해설자와 캐스터 세 명이 서로의 특성을 잘 알아야 합니다. 모두가 생각하는 기준과 가치관이 다르기 때문에 서로에 대해 모르면 공감하거나 말을 받아칠 수가 없어요. 이러한 과정들을 겪다 보면 점차 좋은 중계가 되는 것 같아요.

 **게임 해설자로 일하면서 힘든 점은 무엇인가요?**

해설자의 능력이 시청자의 채널 선택에 큰 영향을 미친다고 하잖아요. 그만큼 책임감이 커요.

처음 목소리 톤이나 발성, 언어 구사력 등을 지적받았을 때 이를 어떻게 고쳐야 할지 몰라 답답했어요. 처음부터 말을 잘하거나 발성이 좋을 수가 없는 것은 당연하다 하더라도 해설자의 자존심인 전문성을 저평가받으니 너무 속상했어요.

시청자로부터 '게임 흐름도 읽지 못하고, 말로 표현도 못하고, 목소리도 듣기 불편하다.'라는 평가를 받고 나니 정신이 번쩍 들더라고요. 특단의 조지를 내렸죠. '우선 기본에 충실하자. 기본만 잘 하자.'라고요.

해설자의 기본은 게임을 읽을 줄 알아야 하기 때문에 게임을 잘 보겠다고 생각했어요. 일단 전문성이 있는 해설자가 되고, 방송 스킬은 조금씩 늘려가기로 했어요. 그래서 저는 지금도 '최고의 전문성이 있는 해설자'가 되는 것에 주력하고 있어요.

 **해설자가 되려면 별도의 트레이닝을 받지는 않나요?**

어떤 사람들은 발성이나 발음 교정 학원, 혹은 사설 아카데미 같은 곳에서 훈련을 받는다고 하는데 전 상황이 그렇지 못했어요. 발성법을 배워 보라는 조언은 받았지만, 우선은 발성이 중요한 문제가 아니라고 생각했어요. 선수 출신인데 실전 지식이나 감각, 전문성에서 밀리면 가장 큰 무기를 잃는 거라고 생각해요.

게임 해설자를 준비하는 후배가 있다면 가장 먼저 전문 지식을 갖추고, 그 다음 발성 연습을 하도록 권유해요. 발성이나 방송 스킬이 중요하지만 우선순위는 전문성입니다.

Question 해설의 전문성을 높이기 위해 어떤 노력을 하였나요?

제가 선수로 속해 있던 게임팀의 선수들과 함께 합숙을 하며 선수들이 게임 연습을 하는 것을 보고 배웠어요. 물론 쉬는 시간에는 게임을 같이 하기도 하면서요.

숙소에 빈자리가 없어 한 달 동안 거실에서 잠을 자며 지냈어요. 워낙 잘하는 해설자들이 많다 보니 그러한 노력을 하지 않으면 안 되겠더라고요.

Question 프로게이머를 하다가 해설자가 되니 어떠세요?

해설자로서도 보람을 느끼지만 선수 시절만큼 희열을 느끼진 못합니다. 선수는 자신의 게임을 치루지만 해설자는 그 뒤에서 지켜보는 입장이니까요.

해설자들은 대부분 저와 같이 현장에서 뛰다 넘어지면 다시 일어나 달리는 심정으로 프로게이머의 길을 걸어왔던 사람들이에요. 그래서인지 프로게이머에 대한 미련

이 조금은 남아 있습니다. 해설을 하다가 훌륭한 플레이를 보면 감탄하며 기뻐하기도 하고, 답답한 플레이를 보면 제가 그 자리에 앉아 직접 하고 싶기도 하고요.

또, 단지 스타크래프트라는 게임이 좋아서 열심히 하다가 어느 순간 억대 연봉자가 되었던 때와는 다른 길을 가고 있어서 기분이 이상할 때가 많아요.

해설자가 되고 팬들이 많이 줄었어요. 하하. 선수는 방송에 계속 노출이 되지만 해설자는 대부분 목소리만 나오니까 당연한 일이겠죠. 선수로 활동할 때는 팬들의 응원에서 많은 힘을 얻었는데, 해설자가 되니 팬들의 응원이 없어 해설을 마치고 집으로 가며 공허함을 느낄 때도 있어요. 누구에게 칭찬받고 위로받고, 용기를 얻었다는 생각보다는 '오늘의 일을 마쳤다.'는 후련함 뒤에 오는 공허함이 있더라고요.

또, 게이머 때보다 사회성이 필요하게 되었어요. 게이머들은 게임에만 집중하면 되지만 해설자는 사회적인 관계가 중요하더라고요. 방송 분야의 일은 인간관계가 중요합니다. 언행이나 외적인 부분에도 신경을 써야 해요. 함께하는 사람들과도 좋은 관계를 유지하면서 경쟁을 해야 하고요.

좋은 점은 선수들을 대변해 줄 수 있다는 거예요. 제가 선수로 활동할 때는 선수 출신 해설자가 없어 선수들이 잘못하거나 예상보다 낮은 성적을 내면 질책하는 경우가 많았는데, 제가 해설을 하니 선수가 지더라도 그 과정을 충분히 알기에 그 심경을 대변해 줄 수 있어 좋아요. 또, 해설은 오픈된 공간에서 진행되기 때문에 대회의 현장감을 느끼거나 팬들과 소통하는 데에는 좋은 거 같아요.

게이머는 회사와 계약을 해서 연봉을 받거나 우승하면 상금을 받지만 해설자는 프리랜서이기 때문에 일하는 만큼 수입이 생깁니다. 대회가 1년에 약 4개월 정도 쉬니까 1년에 8개월간 일하는 거죠. 그래서 수입이 게이머보다는 불안정합니다. 아직은 경력이 오래되지 않아 방송 횟수도 많지 않지만 제 해설이 대중들에게 인기가 있으면 더 많은 일을 할 수는 장점이 있어요.

멘토는 누구인가요?

예전 팀 감독님과 저희 아버지예요. 항상 아버지의 조언들이 가장 힘이 되었어요. 아버지는 늘 '때를 놓치면 안 된다. 기회가 올 때까지 준비하고, 기회가 왔을 때는 거침없이 잡아라.' 라고 말씀하셨어요. 누구보다 저를 잘 아시기에 계속 주저앉지 않게끔 이끌어 주셨어요.

Question **앞으로의 꿈은 무엇인가요?**

어린 시절부터 미국 드라마를 즐겨 봐서 외국 문화에 관심이 많았어요. 그래서인지 해외 활동에 대해 관심이 많습니다. 게이머를 하며 가끔 해외에 나가 보면 제가 외국문화와 잘 맞는 성향이더라고요. 특히 요즘은 모든 것이 글로벌화 되고 있고, e스포츠 역시 한국 선수와 외국 선수가 함께 하는 경기가 많아요. 방송 프로그램 역시 해외 시장을 염두에 두고 제작하는 추세예요. 진행을 한국인과 외국인이 함께 하기도 하고요.

우리나라가 e스포츠의 선두 주자이다 보니 다른 나라에 비해 관련 인적 자원이 풍부해요. 하지만 국내 시장은 게임에 대한 인식 자체가 좋지 않아 관련 업계가 빠르게 성장하기 어렵더라고요. 그래서 글로벌화가 될수록 저와 같은 한국의 e스포츠 업계 종사자들도 해외 진출 기회를 찾고 있어요. 선수나 해설자들이 해외로 진출한다면 한국에서 해 보지 못한 다양한 일들을 할 수 있을 거라 생각합니다.

저 역시 해외 대회에 꾸준히 참가하며 얼굴을 알리고 활동하고 싶어요. 아직 해외에 진출한 해설자는 없기 때문에 더 해 보고 싶고요. 그래서 틈틈이 영어 공부를 해왔고 유창하지는 않지만 의사소통을 하는 데 어려움이 없어요. 내회 숭계도 영어로 하는 등 해외 시장을 고려한 콘텐츠를 계속 만들어 가야 할 것 같아요. 정해진 길은 없지만 미래를 위해 공부하고 다양한 경험을 쌓다 보면 절 필요로 하는 곳이 반드시 있을 거라 생각합니다.

Question 진로를 정할 때 가장 중요한 기준은 무엇인가요?

저의 가치를 높이는 일도 중요하지만, 가장 중요한 것은 '얼마나 재미있게 할 수 있느냐'입니다.

은퇴한 이후 코치나 감독 등으로 갈 수 있는 길이 있었지만 하고 싶지가 않았어요. 팀원이 지는 것을 보며 스트레스 받고 싶지가 않았어요. 해설자보다 훨씬 많은 연봉을 받을 수 있었지만, 내키지 않는 일은 하지 않는 게 맞죠. 좋아서 열심히 하다 보면 돈은 자연스레 따라온다고 생각하기 때문에 돈을 보고 진로를 선택하고 싶지는 않아요.

Question 프로게이머를 꿈꾸는 학생들에게 해 주고 싶은 말씀은 무엇인가요?

좋아하는 것, 잘할 수 있는 것을 하세요. 또, 도전해 보고 싶은 용기와 목표가 있다는 것만으로도 충분해요. 그 결과가 성공이든 실패이든 상관없다고 생각해요. 반드시 게이머로서의 목표를 정하고 매진해야 합니다. 다른 선수들이 연습하는 시간에 다른 것에 신경을 쓴다면 내가 지는 것은 당연하다고 생각해요.

단, 프로게이머는 생각하는 것 이상으로 힘든 직업이라는 것을 알았으면 해요. 저 뿐만 아니라 모든 프로게이머들이 같은 생각입니다. 30분 동안 진행되는 게임에서 이기기 위해 얼마나 고된 훈련으로 준비하는지, 그렇게 준비하고도 졌을 때 얼마나 스트레스를 받는지 모르고 섣불리 시작했다가는 상처를 받습니다.

게이머가 된다 해도 오랫동안 할 수 있는 일이 아니기 때문에 은퇴한 후에 할 수 있는 일에 대해서도 정말 하고 싶은 일인지 고민해봐야 합니다.

프로게이머에게
직접 묻는다

청소년들이 프로게이머들에게 직접
물어보는 23가지 질문

'폭풍 저그'라는 별명은 왜 붙은 건가요?

게임 운영 스타일이 굉장히 공격적인 성향이었고, 작전들이 연거푸 실패해도 뒤돌아보지 않고 계속 폭풍과 같이 몰아붙였어요. 그래서 생긴 별명이지요. 그런 스타일 덕에 우승 문턱까지 올라갈 수 있었고, 그런 스타일 탓에 우승 문턱을 넘을 수 없었죠. 게이머 시절에 "홍진호가 게임하는 스타일로는 우승자가 될 수 없다"는 평가가 지배적이었어요. 오히려 오기가 생겼죠. 사람들이 우승자가 될 수 없다고 말하는 바로 그 스타일로 꼭 우승을 해내고, 제가 옳았다는 것을 증명하고 싶었어요. 하지만 결국 우승에 실패했죠.

그런데 우승이란 건 사회적 기준이잖아요? 저는 제 기준으로 저를 평가해요. 모든 노력을 기울였기 때문에 저는 스스로를 우승하지 못한 사람으로 여기지 않아요. 우승에 가장 가깝게 다가간 사람이라고 생각하지요.

스트레스 해소 방법이 있나요?

힘든 것을 표현하지 않고 속으로 삭이다 보니 스트레스를 잘 풀지는 못해요. 잠을 많이 잔다거나 혼자 여기저기 돌아다닌다거나 한강으로 나가 바람을 쐬는 정도예요. 책이나 인터넷에서 좋은 글귀들을 읽으면서 위로받고 강해지려고 노력해요.

일찍부터 가족과 떨어져 여러 사람들과 숙소에서 살다 보니 감정을 표현하지 않는 것에 익숙해진 것 같아요. 처음엔 아무도 챙겨 주지 않고 친해지기가 어려워, 내가 먼저 다가가야겠다는 생각에 말도 먼저 걸고 항상 웃는 모습만 보이고 좋지 않은 모습은 보이지 않으려 노력했거든요. 그런 생활이 오래되다 보니 이젠 제 스타일이 되었네요.

방송인이 되어 연예인들을 만나니 어떠세요?

이제까진 게임에 빠져 있느라 TV를 거의 안 봤어요. 그래서 인기 있는 프로그램이나 연예인도 거의 몰랐거든요. 신기했던 점은 방송국에 가면 저는 다 처음 보는 사람들인데, 상대방은 저를 보고 인사를 하는 거예요. 연예인들은 누구든 본인을 알 것이라 생각하고 자연스럽게 인사를 했겠지만 저는 누군지 몰라 가만히 있으니 서로 민망한 상황이었죠. 하하. 공부든, 게임이든 마찬가지로 스스로 배우려고 노력해야 하잖아요. 방송을 하려면 TV도 많이 보고 연예인들에 대해서 알아야겠다는 생각이 들었어요.

반면에 아이유 씨처럼 제가 좋아해서 잘 알고 있는 연예인을 보면 정말 놀랍고, 사진 찍고 싶은데 어떡할지 몰라 창피하기도 했어요. 하하.

방송 분야 일의 장단점은 무엇인가요?

장점은 제가 즐겁다는 것입니다. 워낙 오랫동안 게이머 생활을 하며 똑같은 일을 깊이 있게 하다 보니, 미숙하고 잘 모르더라도 새로운 분야에서 새롭게 배워 가는 것이 좋아요. 잘 모르다 보니 아슬아슬한 느낌도 들고, 그렇기에 열심히 할 수밖에 없는 상황이라는 것이 좋습니다. 아직까지 단점은 없는 것 같아요. 당연한 이야기겠지만 미숙한 분야이다 보니 아무래도 그만큼 힘이 든다는 정도? 게이머 당시 제 캐릭터는 장난도 잘 치고 하고 싶은 말도 툭툭 내뱉는 스타일인데, 방송 쪽에서는 신인이니 조심해서 말하거나 하고 싶은 말을 하지 못하기도 해요. 한 마디로 '프로'에서 다시 '신인'이 되어 적응 중입니다.

또, 게임은 내가 잘한다는 확신과 자신이 있었는데, 방송은 좋아는 하지만 잘할 수 있다는 확신이 아직까지는 없어서 조금 긴장됩니다. 성공과 실패를 결정짓는 변수들이 게임보다는 방송 쪽에 더 많은 것 같아요.

선수 시절에 라이벌은 누구였나요?

선수 시절에 라이벌은 많은 분들이 인정하듯이 최연성 선수(현 SK텔레콤팀 감독)라고 생각하고 있습니다. 워낙 치열한 경기에서 승부를 겨뤄 최연성 선수와 경기할 때는 긴장감이 고조되는 걸 저도 느꼈거든요.

실제로 박진감 넘치는 경기도 많이 했고요. 덕분에 제 실력도 많이 끌어올렸으니 좋은 라이벌이었다고 생각합니다.

프로토스가 아닌 저그나 테란으로도 프로게이머 실력인가요?

개인적으로는 저는 다 잘한다고 생각하는데, 주변에서는 하지 말라고 하네요. 하하.

프로게이머를 시작할 때 어떤 종족을 선택할까 고민하면서 저그나 테란으로 해 보기도 했습니다. 결국엔 '팀플레이 때부터 프로토스로 해온 게 몇 년인데……'하면서 프로토스를 선택해서 그때부터 쭉 프로토스만 하게 되었습니다.

게임 실력을 빨리 늘릴 수 있는 방법이 있나요?

실력이 늘려면 주변에 잘하는 친구들에게서 많이 배워야 합니다. 밥이나 간식을 사주면서요. 농담이고요. 우선, 연습할 수 있는 절대적인 시간이 필요합니다. 게임에서 지면 왜 졌는지를 고민하고 연구하면서 배워야 하고요. 다양한 챔프도 하면서 방송 경기도 많이 보면 실력이 빨리 늘 거라고 생각합니다. 노력한 만큼 결과는 보상으로 따라와요.

어떻게 '영웅 토스'가 되었나요?

소수의 종족으로 우승까지 하는 모습을 기특하게 보신 해설자가 좋은 이미지를 만들어 줬어요. 또 당시 최고의 전성기를 누리고 있던 홍진호, 임요환 선수를 이기고 우승해서 더 이슈가 된 것 같아요. 첫 우승이라 우승을 하고도 실감이 나지 않았는데, 다음날 팬 카페에 5만 명의 팬이 생긴 것을 보고 우승한 것이 실감나더라고요. 이렇게 많은 사람들이 나를 좋아해 준다는 사실이 믿기지 않고 얼떨떨했어요. 당시 9시 뉴스에서도 취재를 와서 기분이 묘하고 재밌었어요.

아직도 친한 사람들은 우승 한 번 하고 이렇게 많은 인기를 얻어 12년 동안 우려먹는다고 놀리기도 해요. 하하.

선수 부모님들이 걱정을 많이 하지 않나요?

걱정하시는 경우도 있습니다. 어린 나이라 집에서 철없이 행동하던 것 때문에 익숙하지 않은 합숙 생활에 팀원들과 갈등을 빚지 않을까 걱정하시죠. 하지만 팀에 들어오면 감독의 성향이나 팀 분위기가 전이되어 빨리 적응하더라고요. 합숙 생활을 하는 선수들은 팀플레이를 잘해서 우승하는 것이 목표이기 때문에 어린 선수들에게 많은 배려를 해요. 투닥거리며 지낼 이유가 없지요.

가끔 합숙 생활에 적응하지 못하는 선수가 있어요. 그 선수가 잘못되었다기보다는 팀이 자신의 성향과 맞지 않아서에요. 선수와 감독이 서로 다른 생각을 하면 다른 방향을 보니 오래갈 수가 없어요.

학창 시절에도 게임을 좋아했나요?

네. 굉장히 좋아했어요. 사실 대학 진학에 실패하고 삼수를 하게 된 것도 컴퓨터와 게임 때문이었어요. 삼수할 때 공부에만 매진하기 위해 산으로 들어간 적이 있었는데 게임이 너무 하고 싶은 거예요. 덩치가 큰 컴퓨터를 가져갈 수 없으니 아쉬운 대로 CPU(전산 처리 장치)만 가져가서 게임할 수 없는 허전한 마음을 달랠 정도였으니까요. 하하. 그 정도로 컴퓨터와 게임을 좋아했어요. 그 무렵이 심시티(SIMCITY), 대항의 시대, 삼국지 같은 게임을 밤새는 줄 모르고 할 때였어요. 아마 우리나라에서 스타크래프트를 제일 먼저 해 본 사람이 저일 거예요.

e스포츠 일을 하는데 가족의 반대나 어려움은 없었나요?

처음에 와이프는 제가 집에서 게임하는 것을 싫어했어요. 장인어른이 대학 교수이시고, 집사람도 교사이니 교육자 집안이거든요. 제가 매일 게임을 하니 어느 날에는 싫은 소리를 하너라고요. 그래서 "아버님께서 십에서 공부하고 논문을 쓰시면 싫다고 하니? 난 이 일이 직업인데 게임하는 게 당연하다고 생각한다."고 말했죠. 그 다음부터는 이해해 주더라고요.

다른 어려움은 아이들이 게임을 자주 해도 제가 하지 말라고 하기 어렵다는 거예요. 다만 이런 이야기는 해 줬어요. "아버지가 게임을 매일 하는 것은 일의 여장이다 아버지는 새로 나온 게임의 특성을 분석해서 알아야 하는 게 일이야."라고요. 그래서 아이들한테는 게임을 하지 말라고는 안하고 다만 과하게만 하지 않았으면 좋겠다고 얘기해요.

저는 아이들에게 공부만 강요하기보다 다양한 문화생활을 즐기면서 건강한 삶을 살도록 유도합니다. 그 중 하나가 게임입니다. 자기 생활이 파탄 날 정도로 게임에 빠지는 것은 안 되지만 계획성 있게 즐기는 것은 문제가 없다고 생각합니다.

현재 인기 있는 게임이 대부분 외국 게임인데 국내 게임이 없어서 아쉬운 것은 없나요?

맞아요. 블리자드나 라이엇이나 모두 외국 회사의 게임이에요. 그 회사들은 개발 단계부터 e스포츠 산업을 굉장히 연구하고 공을 들여 만들어요. 하지만 e스포츠는 2차 가공물입니다. 우리나라에서는 석유를 수입해 정제해서 다시 수출하잖아요. e스포츠도 마찬가지라고 생각해요. 게임을 수입해서 재가공을 해서 다시 수출하는 거죠. 그리고 그 수익은 우리나라 게임 산업이나 국가가 얻는 거예요. 그래서 문제는 없어요.

물론 우리나라 업체가 만든 게임이 전세계적으로 인기를 끌면 더 좋지만 글로벌 시장에서 그게 크게 중요한 건 아니에요. 물론, 우리나라 게임이 성공한다면 우리나라 e스포츠 산업의 발전에 더 크게 기여할 수 있겠죠.

진로 선택에 어려움을 겪는 학생들에게 조언 부탁드려요.

무작정 좋아하는 것으로는 답이 나오지 않아요. 자신의 미래와 연관을 지어 생각해야 합니다. 이 게임으로 나중에 내가 뭘 할 수 있을까? 미래의 무언가에 투자를 한다고 생각했으면 좋겠어요.

인간은 노력하는 한 방황하는 법이라고 했죠. 하지만 자신이 계속 좋아하는 일을 찾으면서 거기서 나온 추진력과 에너지를 원동력 삼아서 끊임없이 도전하고 무언가를 만들어 냈으면 좋겠어요. 반드시 자기 안에서 답을 찾으리라 생각합니다.

프로게이머의 재능은 어떻게 발견할 수 있나요?

준프로게이머가 되기 전에는 보통 게임마다의 등급으로 실력을 판단합니다. 준프로게이머가 된 이후에는 재능이 쉽게 발현되지 않습니다. 팀에 들어 온 선수를 면밀하게 관찰하는 데는 2~3개월이 걸립니다. 선수를 선발해서 선수의 특성에 맞춰 트레이닝을 하면 보통 2년 안에 자신의 최고 성적을 낼 수 있습니다. 16강 정도는 무난히 갈 수 있다는 말이죠. 그러니 프로게이머가 되고 2년 내에 그 선수의 성공 여부가 판가름이 난다고 할 수 있어요. 물론, 들어오자마자 승승장구 하는 선수도 있지만 그런 경우는 1/300 정도의 확률이에요.

일이 잘 안 풀리면 누구에게 조언을 구하나요?

기본적으로 저는 혼자 고민하고 해결하는 편이긴 하지만, 필요할 때는 주변 사람들의 경험을 통한 조언에 귀를 엽니다. 예전에 함께 생활하며 제가 가르쳤던 선수들도 이제는 경험이 많아지고 경력이 쌓이다 보니 그들에게서도 조언을 얻을 수가 있어요.

프로게이머에게 자율성이 중요할까요?

선수가 자라온 환경에 따라 다르겠지만 저는 단체 생활을 하는 선수들에게 자율성은 거의 주지 않습니다. 저는 어린 시절부터 고생을 하고 자랐기 때문에 스스로 판단하고 통제할 수 있도록 성장했지만, 요즘 선수들은 보통은 그리 어렵지 않은 집안 환경에서 자기 주도적으로 자랐기 때문에 팀 단위의 단체 생활에서 자율성은 독이 될 수 있다고 생각합니다.

게임을 잘하기 위한 방법이 있나요?

어린 시절부터 장기를 두고, 손자병법, 삼국지, 초한지 등의 책을 보며 수를 고민하는 것에 익숙했던 것 같아요. '뼈를 주고 살을 취한다.'라는 어찌 보면 단순한 생각으로 해요. 현재 우리 팀의 전력이 약하다면 상대 팀의 약한 선수만 공략하고 강한 선수에게는 져도 된다는 가벼운 마음으로 게임에 임하는 거예요.

경기를 준비할 때는 상대 선수에 대해 분석하고, 어떤 수를 쓸지도 분석합니다. 또, 어떤 선수끼리 맞붙여야 할지에 대해서도 고민합니다.

심리전도 무시할 수 없어요. '광안리 10만 전설'이라는 이름으로 남은 2004년의 어느 경기에서는 경기 전 인터뷰에서 우리 팀의 컨디션이나 훈련 상황이 좋지 않다고 말했어요. 상대 팀이 인터뷰 기사를 보고 방심하도록 만든 거죠. 그 때문인지는 모르나 어쨌든 경기는 멋지게 이겼습니다.

개인적인 꿈은 무엇인가요?

요즘 요리에 관심이 많아요. 우연히 요리사의 삶을 다룬 인생극장 같은 TV 프로그램을 보게 되었는데요. 얘기를 들어 보니 가출해서 중국집에서 아르바이트로 시작해 요리사로 성공한 분도 있더라고요. 다양한 인생 스토리에 빠져 재미있게 보다가 요리에 관심이 생기기 시작했어요. 그러다가 TV 요리 프로그램을 보며 남자의 손에서 아름다운 요리가 나온다는 게 신기해 배워 보고 싶다는 생각이 강하게 들더라고요.

저는 아직 칼질도 못하거든요. 하하. 그래서 요즘 친한 동생이 하는 가게에서 밤마다 아르바이트를 하며 칼질을 배웁니다. 학교 공부가 아니더라도 하고 싶은 것에 대한 새로운 공부를 계속하는 거예요. 아르바이트로 돈은 못 벌더라도 끊임없이 무언가에 도전한다는 것이 즐겁고 마음이 편해요.

스타크래프트 선수 시절 라이벌은 누구였나요?

　아무래도 대부분의 의견은 투신 박성준 선수인 것 같습니다. 당시 리그 대회에서 많이 만났고 저그 최강을 가리는 자존심 대결도 했으니까요. 그러나 사실 그렇게까지 라이벌이라고 할 만한 선수를 딱 한명 꼽기는 힘드네요. 하하.

가장 부담스러운 상대는 누구였나요?

　이제호 선수에게 패한 적이 많기 때문에 아무래도 대회에서 만나는 걸 별로 원하진 않았습니다. 군대에서 한번 승리를 거두긴 했지만 상대 전적이 극단적으로 기울 정도로 저의 천적이었습니다.

선수 시절, 팀에서 선수를 방출하는 경우도 있었나요?

　당시는 팀에서 선수를 방출하는 경우는 없었습니다. 하지만 보통 힘든 훈련을 견디지 못하고 자진해서 그만 두는 선수들이 많았어요.

외적인 이미지에 신경 쓰면 훈련에 방해가 되나요?

그렇다고 할 수 없어요. 뭐든지 적당해야 좋은데 과하면 좋지 않죠. 운동을 체력 단련이 아니라 몸을 키우기 위한 목적으로 하는 선수들이 있어요. 그러다 보면 그전보다는 게임에 집중하지 못하는 경우도 생깁니다. 운동을 너무 과하게 하다 보면 운동에서 또 승부욕이 발동하고 욕심이 생기거든요. 그렇게 에너지를 소모하면 게임에 써야 할 에너지를 낭비하는 격이 되는 것이죠.

팬이 많아지면 압박감이 더해지지 않나요?

맞아요. 팬이 없을 때는 지더라고 혼자 아쉽고 말았는데 팬들이 생기고부터는 지면 팬들에게 미안해지더라고요. 좀 민망하기도 하고요. 하하. 보통 경기가 끝나면 팬 미팅을 하거든요. 팬들을 보면 더 미안해지니까 팬 미팅을 하지 않고 가는 선수들도 있어요.

팬들도 잘했다고 격려하긴 하지만 아쉬워하는 걸 알기 때문에 부담감이 없진 않아요. 하지만 부담보다는 힘이 되는 부분이 더 큽니다. 친해지면 팬들이 연습 좀 더 하라고 농담 삼아 편하게 이야기도 해요. 하하.

프로게이머, 직업을 말한다

우리의 직업을 소개해요

ING

한국e스포츠협회(KsSPA) 및 스포츠연맹(eSF)에 소속되어 있는 프로게이머 108명을 대상으로 한 설문 조사이다(2014년 1월 조사 기준임).

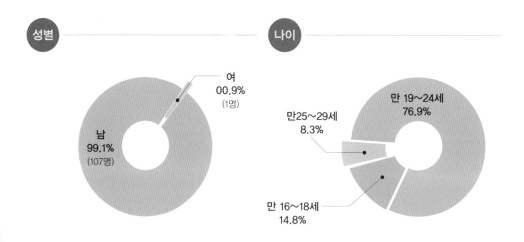

성별

여
00.9%
(1명)

남
99.1%
(107명)

나이

만 19~24세
76.9%

만25~29세
8.3%

만 16~18세
14.8%

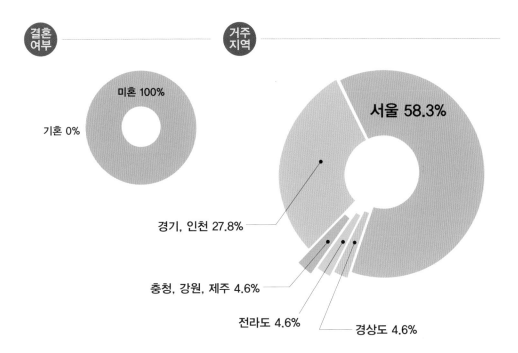

미혼 100%

기혼 0%

서울 58.3%

경기, 인천 27.8%

충청, 강원, 제주 4.6%

전라도 4.6%

경상도 4.6%

학력

타 직업 병행 여부

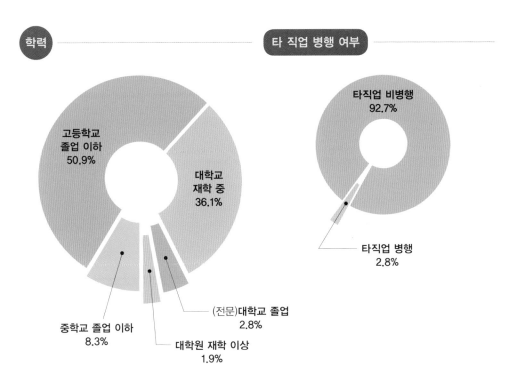

고등학교
졸업 이하
50.9%

대학교
재학 중
36.1%

타직업 비병행
92.7%

중학교 졸업 이하
8.3%

대학원 재학 이상
1.9%

(전문)대학교 졸업
2.8%

타직업 병행
2.8%

최근 1년 내 팀 소속 여부

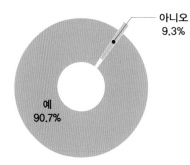

아니오
9.3%

예
90.7%

후원사의 스폰서 여부

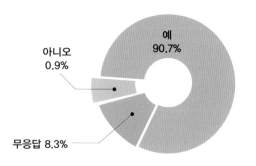

예
90.7%

아니오
0.9%

무응답 8.3%

소속팀 명

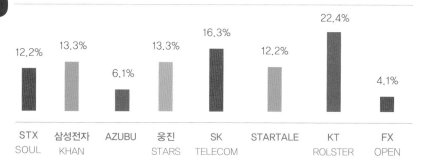

STX SOUL	삼성전자 KHAN	AZUBU	웅진 STARS	SK TELECOM	STARTALE	KT ROLSTER	FX OPEN
12.2%	13.3%	6.1%	13.3%	16.3%	12.2%	22.4%	4.1%

최근 1년간 평균 수입

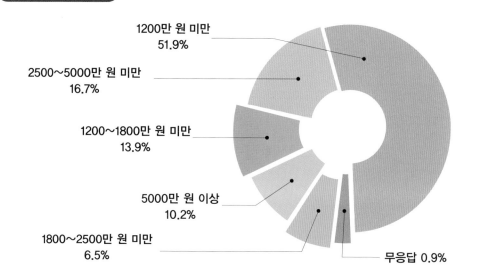

1200만 원 미만
51.9%

2500~5000만 원 미만
16.7%

1200~1800만 원 미만
13.9%

5000만 원 이상
10.2%

1800~2500만 원 미만
6.5%

무응답 0.9%

15세		4.7%
16세		9.3%
17세		23.4%
18세		25.2%
19세		14.0%
20세		15.0%
21세		1.9%
22세		2.8%
이외 연령		3.6%

6개월		3.7%
7개월		0.9%
8개월		1.9%
9개월		0.9%
10개월		2.8%
12개월		18.5%
17개월		0.9%
18개월		2.8%
19개월		0.9%
20개월		2.8%
22개월		0.9%
24개월		13.9%
30개월		0.9%
36개월		16.7%
48개월		9.3%
60개월		9.3%
72개월		1.9%
84개월		5.6%
기타		5.5%

프로게이머로 활동하게 된 동기

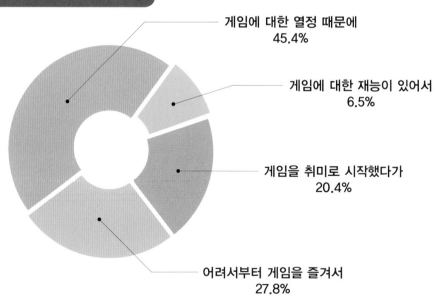

게임에 대한 열정 때문에
45.4%

게임에 대한 재능이 있어서
6.5%

게임을 취미로 시작했다가
20.4%

어려서부터 게임을 즐겨서
27.8%

Online gaming

스포츠 +
문화 산업의
핵심,
e스포츠

e스포츠 관련 직업

　요즘은 24시간 내내 게임만을 방송하는 게임 전문 방송이 있는가 하면, e스포츠라는 이름으로 세계 여러 나라에서 대규모의 게임 대회가 개최되고 있다. 이제 게임은 우리 놀이 문화의 하나로 자리를 잡았다. 이는 게임이 하나의 산업군으로 자리 잡았기에 가능했다. 게임 산업은 문화 콘텐츠 산업의 핵심으로, 21세기 국가 성장 동력의 핵심 영역으로 인정받고 있다. 청소년과 대학생 중에는 넥슨, NC소프트, 네오플 등 유명 게임 회사에서 게임 관련 일을 하기를 원하는 사람도 많다.

　하나의 산업군을 이루고 있는 게임, 이 게임이 게임 유저의 인기를 얻기까지는 우선 기획자에 의해 기획되고, 여러 전문가들에 의해 개발되는 과정을 거친다. 이렇게 개발된 게임은 PC방, 개인 PC, 인터넷, 휴대폰 또는 휴대용 게임기와 같은 매체를 통해 유통되어 게임 유저들에게 판매된다. 이처럼 기획 → 개발 → 홍보 → 유통 → 판매의 절차를 거쳐 최종적으로 소비자의 손에 들어가기까지 일련의 시스템을 게임 산업이라 한다.

아직은 국내의 게임 관련 교육은 게임 그래픽과 프로그램 관련이 주를 이루고 있으나 점차 게임 기획, 시나리오, 사운드, 마케팅과 관련된 교육까지 전문화되고 있다.

한편, 게임 산업이 성장하면서 게임을 직업으로 하는 프로게이머, 게임을 기획하는 게임 기획자, 게임의 화려한 영상을 만들어 내는 게임 그래픽 디자이너 등 수많은 직업도 생겨났다. 게임 산업의 발전을 이끌고 있는 게임 관련 직업들을 알아보자.

❶ 게임 시나리오 작가

게임 산업이 발달하면서 유저들의 흥미를 자극하는 스토리를 가진 게임이 인기를 끌고 있다. 게임은 탄탄하고 흥미 있는 스토리를 바탕으로 게임 유저가 스스로 상황을 만들면서 진행해 가는 재미가 있기 때문에 그 영역을 점차 확장해 나가고 있다. 그러니 게임의 성공 여부는 참신하고 흥미로운 스토리 안에 얼마나 다양한 설정과 캐릭터를 담아내느냐에 달렸다고 볼 수 있다.

■ **하는 일** : 게임 시나리오 작가가 하는 일은 영화에서 감독이 하는 일과 비슷하다. 영화감독이 좋은 시나리오, 좋은 스태프를 적재적소에 배치하고, 배우들의 연기력을 최대한 이끌어 내는 것처럼, 좋은 시나리오와 아이디어를 조합해서 함께 게임을 만드는 사람들이 게임 제작을 할 수 있게 해 주는 사람이 게임 시나리오 작가이다.

게임 시나리오 작가는 게임 아이디어 발상부터 스토리 구성, 맵, 캐릭터 등 게임의 전반적인 부분을 결정한다. 게임의 전반적인 스토리를 만들고 게임할 때 나오는 대사, 액션, 상황, 이벤트 연출을 한다. 이들은 게임의 특성과 장르에 따라 그에 적합한 게임 시나리오를 구성한다. 선과 악의 대결 구도를 만든다거나, 등장인물 간의 경쟁 구노를 설정하는 등 전체적인 게임의 구도를 만들어 낸다. 보통 어떤 게임을 개발할지를 기획하고 나면, 그 기획에 맞는 시나리오 작업이 뒤따라 이루어지기 때문에 게임 기획자가 시나리오 작업을 함께 겸하는 경우도 많다.

■ **준비 방법** : 대학에 게임 관련 학과가 생기면서 전문적인 교육이 이루어지고 있고, 게임 관련 학원, 직업 전문 학교 등에서 게임 시나리오 작가 과정을 개설하고 있다.

게임 시나리오 작가는 글쓰기 능력, 풍부한 창의력과 표현력을 갖추어야 하고, 문화 예술 전반에 대한 흥미와 관심이 필요하다. 또한, 게임 제작 과정에 관한 지식과 각 장르별 게임의 특성을 파악하는 것도 중요하다. 입사하거나 프리랜서로 활동하기 위해서는 게임 관련 기관이나 회사 등에서 주관하는 시나리오 공모전에 입상하는 것이 유리하다.

■ **직업 전망** : 현재 종사자는 많이 않지만 주로 게임 개발 회사에 고용되거나 프리랜서로 활동하고 있다. 아직까지는 전문화된 직업이 아니라 주로 게임 기획자나 게임 개발 관련자가 시나리오 작업을 겸하는 경우가 많다. 하지만 점차 여러 장르의 다양한 게임이 만들어지면, 시나리오 작업을 전문적으로 하는 사람들의 수요도 늘어날 것으로 보인다.

게임은 적극성을 발휘해야 하는 놀이다. 게임 유저들은 스스로 상황을 만들어 가면서 게임을 진행하고 이 과정에서 흥미를 크게 느낀다. 그러니 컴퓨터 게임의 성공 여부는 있을 수 있는 가능성을 얼마나 담아내느냐에 달려 있다고 할 수 있다. 게임 시나리오 작가에게 독창적인 아이디어, 풍부한 상상력, 폭넓은 지식이 중요한 것은 바로 이 때문이다. 특히 게임 시나리오는 영화나 드라마보다 구성 관계가 치밀하고 역동적이어야 한다. 한 가지 상황만 전개되는 스토리가 아니라 게임 사용자들이 선택하는 방법에 따라 다양한 이야기가 나와야 한다. 많은 문학 서적을 탐독하는 것이 극적인 구성력을 키우는 데 큰 도움이 된다고 한다.

❷ 게임 마케터

게임을 잘 만드는 것만큼, 얼마나 잘 파느냐도 중요하다. 게임의 인기를 일시적인 문화 현상 정도로 여겼던 대중의 인식도 많이 바뀌었는데 급기야 유행에 민감한 광고주들은 게임이 진행되는 온라인 공간을 하나의 광고판으로 보고, 효율적 광고를 할 수 있는 곳으로 주목하고 있다.

게임 회사인 넥슨이 카트라이더를 내놓으면서 코카콜라  와 제휴한 것은 성공적인 마케팅 사례로 꼽힌다. 게임 아이템을 구매하기 위해서는 사이버 머니가 필요한데, 넥슨은 코카콜라에서 운영하는 포인트(COKE PLAY)와 연계해 유저들이 이 포인트로 게임 아이템을 살 수 있게 했다. 대신 카트라이더 게임 내에 '코크플레이 전용 트랙'을 만들어 코카콜라가 광고 효과를 확실히 누리도록 했다. 또 코카콜라는 카트라이더 게임 이미지가 전면에 들어간 코카콜라 캔을 제작 판매해 양쪽 제품을 모두 광고하는 효과를 톡톡히 거두었다.

■ **하는 일** : 주로 온라인 게임, 모바일 게임 등 게임 개발사와 게임 유통 및 마케팅 활동을 전문적으로 하는 회사 등에서 활동한다. 시장의 움직임을 살피고 게임 유저들의 특징 등을 파악하는 일을 하고, 마케팅 전략을 세우고 소비자에게 게임을 홍보하는 일을 맡는다.

게임 마케터는 개발되는 게임이 타사의 게임과 어떻게 다른지, 차별성이 무엇인지 등 게임의 특성을 잘 알고 있어야 한다. 그래야 마케팅 타겟(성별, 연령, 지역)을 정확하게 정할 수 있기 때문이다. 따라서 게임 업계의 자료를 수집하고 어떤 마케팅 방법이 인기가 있는지 분석하는 일이 중요하다. 이들은 게임 유저들의 특성을 반영하여 광고, 방송, 이벤트 등을 통한 홍보 계획을 세우기도 한다. 개발된 게임뿐만 아니라 서비스되고 있는 게임이 지속적으로 세임 유저들에게 사랑받을 수 있도록 각종 이벤트나 행사를 준비하는 등 고객 관리 업무를 비롯해 게임의 판매 전략과 해외 진출 가능성을 확인해 보는 역할도 수행한다. 게임 마케터가 직접 마케팅에 나서기도 하지만, 게임 유통사를 통해 마케팅을 하기도 한다.

■ **준비 방법** : 게임 관련 분야는 전반적으로 학력 제한이 없는 편이지만, 마케팅 분야의 경우 대졸 이상을 주로 채용하고 있다. 대학의 경영학, 경제학 등 상경 계열이나 게임 관련 학과를 전공하거나 게임 관련 공공, 민간 교육 기관에서 게임 마케터 과정을 교육받을 수 있다.

일반적으로 게임 개발사에서는 실무에 바로 투입할 수 있는 인력을 선호하기 때문에 경력직을 선호하는 편이다. 게임 관련 업체가 아니더라도 방송, 광고, 영화, 애니메이션 등 엔터테인먼트 분야의 회사에서 마케팅 분야 경력을 가지고 있으면 취업에 유리하다.

게임 마케터가 되기 위해서는 기본적으로 마케팅 전략, 광고, 홍보, 시장 분석, 고객 관리에 대한 지식을 갖춰야 한다. 게임에 대한 전문 지식과 게임 시장을 분석할 수 있는 능력도 필요하다. 특히 온라인, 모바일, 비디오 등 각 게임 시장이 조금씩 다르기 때문에 분야별 전문 지식을 갖춰야 하며, 영상물 등급 심의 문제, 저작권 관련 규정 등 게임에 관련된 규정과 법적인 지식도 요구된다.

■ **직업 전망** : 개발되는 게임 중에는 유저들에게 제대로 알려지지 못한 채 사라지는 것도 무수히 많다고 한다. 이처럼 경쟁이 치열할수록 게임사들이 상품에 대한 마케팅 및 홍보 전략에 총력을 기울이기 마련이므로, 향후 게임 마케터의 역할은 더욱 중요해질 것이다. 한편, 현재 국내 게임 시장을 포화 상태로 보고, 해외 시장으로 눈을 돌리는 게임 업체들도 늘어나고 있다. 이에 따라 점차 해외 시장을 담당하는 마케터를 중심으로 신규 일자리가 늘어날 것으로 기대된다.

기업이 인력을 채용할 때 경력직을 선호하는 것은 당연하다. 특히 홍보와 마케팅 분야의 경우 축적된 노하우와 경험이 중요하기 때문이다. 작은 규모의 회사에서라도 마케팅 경험을 쌓을 수 있도록 노력해야 한다. 한편, 최근에는 해외 시장 진출을 시도하는 기업이 늘면서 외국어 실력뿐만 아니라 해외 게임 시장의 환경 분석과 유저들의 특징을 파악할 수 있는 능력이 요구되고 있다.

❸ 게임 운영자

유저들이 게임을 이용하는 데 아무런 불편함이 없도록, 더 원활한 환경에서 아무런 방해를 받지 않고 게임 자체를 즐길 수 있도록 하는 것이 새로운 게임 개발만큼이나

중요한 일로 부각되고 있다. 이 때문에 게임사에서는 이러한 역할을 담당할 전문 인력을 두고 있는데, 게임 내 아이디 해킹 신고 처리, 게임 내 사기 처리, 불법 이용자 단속 등 고객의 불편 사항을 해결하는 것은 물론, 이벤트를 진행하여 부가적인 즐거움을 제공하면서 게임의 품질 관리에 기여하는 사람들이 바로 게임 운영자이다.

■ **하는 일**: 게임 서버 관리, 장애 처리, 게임 분석, 고객 반응 분석, 이벤트 진행 등 원활한 게임 운영이 가능하도록 하는 사람이다. 따라서 이들에게는 게임에 대한 이해뿐 아니라 게임 유저의 입장에서 생각하는 자세가 중요하다.

게임 운영자는 게임 중 일어나는 문제들에 대한 처리, 게임 지원을 위해 항상 서버 상태를 점검하고 때로 유저들과 1:1 상담을 하기도 한다. 또 게임 업데이트나 이벤트 후 게임 유저들의 반응을 분석하기도 한다. 이들은 고객과의 최전선에서 일하면서 주요 부서와 고객을 연결해 주는 일도 담당한다. 예를 들어, 유저로부터 게임 내용에 대한 만족도나 불만 등을 조사하여 개발팀에게 알려주는 식이다. 개발팀에서는 게임 운영자로부터 전달받은 유저들의 의견을 참고하여 앞으로 게임을 어떻게 수정할 것인지 결정하게 된다.

게임이 개발 단계에 있을 때는 게임 운영자의 역할이 크지 않지만 개발이 완료된 후, 일반 게임 유저들에게 제작된 게임을 테스트하는 오픈 베타 서비스를 시작하면서부터는 게임 운영자의 역할이 중요해진다.

■ **준비 방법**: 고객을 응대하는 일과 고객을 상대로 불편 사항을 해결해 주는 일을 하기 때문에 서비스 마인드가 요구되며, 기본적으로 게임을 좋아하고 즐기는 사람에게 적합하다. 또 게임 시스템 및 구성에 대한 이해력, 데이터의 효율적인 분석과 이용 능력이 뛰어나다면 게임 운영자로서 활동하는 데 큰 도움이 된다. 특히 게임 유저들의 불편 사항에 대해 글로 응답하고, 보고서나 문서를 작성하는 일도 많기 때문에 의사소통 능력, 글쓰기 능력, 논리적인 설득력도 갖추어야 한다. 더불어 많은 게임 유저들이 동시에 접속하여 운영되는 게임에서 빈번히 일어날 수 있는 장애에 대처하려면 민첩하고 빠른 판단력이 필요하다.

게임 운영자들은 보통 게임 개발사나 게임 서비스사 등에 취업하여 회사 자체적으로 실시하는 일정 이상의 교육을 받고 업무를 수행한다. 대규모 회사는 채용 시 대졸 이상으로 자격을 제한하기도 하지만, 대부분의 게임 제작 회사는 전공에 제한을 두지는 않는 편이다.

■ **직업 전망**: 게임 산업 초창기에는 주로 게임 개발에 주력했으나, 게임 개발 기술이 발전하고 고객 반응이 중요해짐에 따라 이제는 마케팅과 고객 서비스 분야가 부각되고 있다. 비슷한 게임이 많아지면 차별화된 서비스가 경쟁력을 좌우하므로 게임 유저들이 원하는 서비스를 제공하기 위한 게임 운영자의 역할이 중요해졌다. 따라서 대규모 게임 개발사를 중심으로 게임 운영자의 채용이 증가할 것으로 예상한다.

하지만 현재 게임 운영자의 업무와 역할의 중요성에 비해 근무 환경은 다소 열악하다. 게임 운영자들은 대개 계약직으로 근무하며, 회사 규모나 고용 형태에 따라 수입의 편차가 큰 편이다. 하지만 점차 업무의 전문성을 인정받고 있는 만큼 임금이나 근무 환경도 개선되는 추세이다.

게임 운영자의 일은 여러 부서와 게임 유저 간 징검다리 역할을 담당하기 때문에 게임 개발을 비롯해 기획, 경영, 마케팅과도 깊은 관련이 있다. 따라서 게임 운영자로 활동한 경험이 게임 기획, 마케팅, 개발 업무를 수행하는 데에도 많은 도움이 될 수 있다. 게임 운영자로 경력을 쌓아 다양한 게임 관련 부서로 진출할 수도 있다.

게임 유저들의 불만이나 게임에 대한 오류 사항들이 언제 어떻게 발생되는지 예측할 수 없기 때문에 게임 운영자들은 2~5교대로 나누어 24시간 대기해야 하는 인력이다. 혹시 게임을 좋아한다는 단순한 이유로 이 분야에서 일하기를 꿈꾼다면, 쉽게 지치거나 실망할 수 있다. 무엇보다 서비스 마인드가 중시되는 일이다.

❹ 게임 사운드 크리에이터

'어떻게 하면 게임을 더 재미있게 만들까?'하는 고민에서 효과음을 넣기 시작한 것이 이제는 게임 전반에서 배경 음악을 사용하기에 이르렀다. 자본 규모가 작았던 시절, 사운드는 투자가 필요한 게임의 구성 요소로 인식되지 못해 투자 대상에서 밀리기 일쑤였다. 하지만 게임 업계의 몸집이 커지면서부터 사운드 전문팀을 따로 구성하고, 각 개발팀마다 사운드 담당 인력을 따로 편성해 작업할 정노로 개발 환경이 좋아졌다. 특히 3D 게임이 대중화된 이후 더 많은 사운드 전문 인력을 필요로 하고 있다.

■ **하는 일** : 게임 사운드 프로듀서, 게임 사운드 디자이너, 게임 음향 기술자 등으로도 불리며, 게임 속 오프닝 음악을 비롯해 배경 음아, 각종 효과음 등을 만든다. 게임 음악을 작곡하는 사람을 분리하여 게임 음악 작곡가(뮤직 컴포저)라고도 한다.

게임 음악의 제작 과정은 일반 음악을 작곡하는 과정과 비슷하다. 게임에 맞는 음악을 작곡, 편곡해 녹음한 후 게임에 직접 입혀 보고, 제작진들과 의견 조율을 통해 최종적으로 완성한다. 게임 사운드는 크게 게임 음악(배경, 오프닝, 홍보용 영상 음악 등), 성우 녹음, 효과음 등으로 분류되는데, 게임 음악은 피아노, 기타 등 모든 소리를 컴퓨터 사운드를 이용해 만든다. 성우 녹음의 경우 개발사 측에서 제공한 대본을 사용하여 녹음을 하고 게임 사운드 크리에이터는 이를 편집하는 역할을 한다. 효과음은 게임 개발사 측에서 제작될 효과음의 수와 길이를 모두 문서화해서 주면 이것을 가지고 작업을 한다.

방음 시설이 갖춰진 녹음실에서 제작이 가능하기 때문에 대규모 게임 개발사를 제외하고는 사운드 제작 업체에 외주를 주는 경우가 많다. 따라서 게임 사운드 크리에이터는 대부분 게임 사운드 전문 제작 업체에서 활동하거나 프리랜서로 활동한다. 게임 개발사에 사운드팀이 있는 경우도 있는데, 보통 2~3명 정도의 소규모 인원이 일하고 있다.

■ **준비 방법** : 작곡, 편곡 실력도 중요하지만, 게임 음향에 대한 이해가 필요하다. 실제로 음악 대학 출신들이 많이 활동을 하고 있지만, 가장 중요한 것은 컴퓨터와 신디사이저를 활용할 수 있는 능력이다. 실용음악과, 작곡과, 게임학과, 음향제작과 등의 대학의 관련 학과를 전공하거나 실용 음악, 게임 관련 사설 학원을 통해서 관련 교육을 받을 수 있다. 전문 대학이나 관련 학과를 졸업하였다고 하더라도 해당 부서에서 2~3년 정도의 인턴 기간을 거치게 되면 현장에서 테크닉이나 노하우를 습득할 수 있다.

■ **직업 전망** : 그래픽이나 프로그램 인력에 비하면 사운드 전문 인력은 소수이다. 국내 개발사에 게임 사운드 전문 인력을 두고 있지 않은 것은 게임 사운드 제작이 프리랜서나 사운드 관련 외주 업체를 통해 많이 이루어지고 있기 때문이다. 외주 업체 대부분이 영세한 수준이라 근무 환경이 다소 열악한 편이다. 또한 타 분야의 사운드 제작을 담당하던 사람들이 이 분야로 진출하면서 경쟁도 치열해지고 있다.

추후 게임 개발 능력이 좀 더 성장하면 게임 사운드 제작 환경은 더 좋아질 것으로 보인다. 게임 사운드의 중요성을 인식하기 시작하면서 제작사 내부에서 자체적으로 전문 인력을 두어 제작하려는 곳이 늘고 있는 것은 이들의 전망을 밝게 한다.

음악적 지식과 능력을 갖춰야 하는 것은 기본이고, 게임을 분석할 수 있는 능력이 필요하며, 게임 자체를 좋아하지 않으면 안 된다. 현장에서 일하는 전문가들은 스피커 없이 게임을 해도 소리가 느껴지고, 게임의 로고 이미지만 봐도 음악이 떠오를 수 있어야 한다고 한다. 이는 '어떻게 하면 소리를 이용해 게임을 더 재미있게 만들까' 수없이 고민해야 나올 수 있는 결과이다. 그러니 게임 사운드 크리에이터로 일하려면 무엇보다 게임을 좋아하고, 게임에 대한 열정, 새로운 것을 탐구하고 연구하려는 자세가 중요하다.

국내에서는 아직까지 게임 사운드 업무가 전문화되어 있지 않아 영화, 애니메이션, 방송 음악 등 폭넓게 지식을 쌓아 전문성을 높이는 것이 도움이 된다.

❺ 게임 프로그래머

게임 프로그래머는 소프트웨어 개발 기술의 총 집합체로 불리는 게임을 만드는 데 중추 역할을 하는 전문 인력이다. 전 세계 게임 유저들이 내가 프로그램한 게임을 한다고 생각한다면 정말 멋진 일이다. 강한 끌림이 느껴지는 순간, 게임 프로그래머로 일하려면 프로그래밍 능력과 더불어 수학적 지식이 중요하다는 이야기가 들린다. 왜 일까?

예를 들어, 3D 게임의 경우 화면 속 캐릭터가 회전하면 이러한 3차원 움직임을 4차원 평면으로 표현하는 계산식이 필요하다. 이때 고등학교 때 배우는 '회전 변환 행렬'이나 대학교 때 배우는 '선형 대수학' 등이 활용된다. 물론 수없이 많은 프로그래밍 작업을 하다 보면 원하는 움직임이나 효과가 어떻게 구현되는지를 본능적으로 알게 된다. 하지만 수학적 지식이 없이는 정교한 표현은 생각할 수 없기 때문이다. 실제로 게임을 개발하며 다시 '수학의 정석'을 펴고 공부하는 프로그래머도 많다고 한다.

■ **하는 일**: 참신한 게임 아이디어가 있고, 게임 속에 담길 아름다운 풍경과 캐릭터들이 마련되었으며, 멋진 사운드까지 만들어졌다고 해도 게임 프로그래머의 손을 거치지 않는다면 게임으로 완성될 수가 없다. 마우스나 방향키를 사용해 캐릭터를 움직이고, 키보드 버튼을 조작해 사용할 무기를 컴퓨터 모니터상에 나타날 수 있도록 프로그래밍하는 등 게임 프로그래머는 게임 제작 과정에서 중추 역할을 맡고 있다. 게임 도중 발생되는 오류(bug)를 해결하는 것도 이들이다.

게임 프로그래머는 역할에 따라 크게 '클라이언트 프로그래머'와 '서버 프로그래머'로 분류하기도 한다. '클라이언트 프로그래머'는 게임 유저들에게 실제로 화면을 보여주기 위한 작업을 하는 사람이다. 예를 들어, 캐릭터나 맵(게임상의 지도)을 화면에 보이도록 틀을 만들고, 게임에 접속할 때나 게임 중에 적합한 화면이 보이도록 한다. 반면 '서버 프로그래머'는 게임 유저들이 게임할 수 있는 공간을 만들어 주고 캐릭터나 아이템을 보관 및 관리하는 게임 서버를 만든다. 우리가 다양한 사람과 온라인상에서 게임을 하는 중에, 게임을 종료한 후에도 나의 캐릭터가 존재할 수 있도록 하는 것도 서버 프로그래머 덕분이다. 이들이 게임의 특징에 따라 여러 개의 서버를 어떤 구조로 연결하고, 각 서버들이 어떤 역할을 할 것인지 정해, 결정된 역할을 할 수 있도록 서버 프로그램을 만들기 때문이다.

이처럼 게임 프로그래머는 게임을 개발하는 핵심적인 역할을 맡은 아주 중요한 사람이다. 그래서 항상 최신 기술을 받아들이고 이것을 활용해 게임을 만들기 위해 끊임없이 노력해야 한다.

■ **준비 방법**: 온라인 게임, 모바일 게임, 비디오 게임 중 어떤 게임을 개발하느냐에 따라 필요한 컴퓨터 능력에 차이가 있다. 3D 온라인 게임이 꽤 높은 수준의 프로그래밍 실력을 요구하는 데 비해 모바일 게임은 비교적 복잡하지 않은 편이다. 하지만 게임 프로그래머에게 공통적으로 요구되는 능력이 있다. 프로그램을 짜기 위해서는 컴퓨터를 다루는 능력과 논리적으로 생각하는 능력, 수학 능력이 필수라고 한다. 여기에 뛰어난 상상력과 아이디어, 꼼꼼함, 섬세함 등도 갖춰야 한다.

게임 업체에서 게임 프로그래머를 채용할 때, 일반적으로 지원자가 만든 프로그램을 보고 면접에서 전문 지식을 테스트하게 된다. 따라서 프로그래밍 관련 지식을 충실하게 쌓아 두어야 한다. 고등학교 및 대학교에서 게임학, 컴퓨터 공학, 소프트웨어 공학, 전산학, 수학 등을 전공하며 관련 공부를 하거나 게임 전문가를 키우는 공공 교육 기관이나 학원, IT와 관련된 교육 기관에서 교육받을 수도 있어요.

■ **직업 전망** : 게임 산업이 계속 성장하고 게임 관련 회사가 늘어나면서 게임 프로그래머의 일자리도 증가할 것으로 보인다. PC, 모바일, 전용 오락기 등 게임이 실행되는 환경도 다양해지고 있어 각종 기기와 유저의 특성에 맞는 컨텐츠를 개발할 게임 프로그래머가 요구될 전망이다. 대규모 게임 회사의 경우는 취직을 하려면 경쟁이 매우 치열하지만, 소규모 게임 회사의 경우는 근무 환경이 좋지 않고 보수도 충분치 않아 회사에서 필요로 하는 수준의 프로그래머를 찾지 못하는 경우도 있다. 하지만 소규모 업체에서는 다양한 분야의 게임 개발 과정에 직접 참여할 기회가 더 많은 만큼 많은 경험을 쌓을 수 있다는 장점이 있다. 이런 전문적인 기술 경험을 바탕으로 게임에 대한 이해를 넓혀 간다면 실력 있는 게임 프로그래머로 성장할 수 있을 것이다.

우리나라는 세계 최고 수준의 디지털 콘텐츠 산업 능력을 갖춘 것으로 평가받고 있으며, 특히 게임 산업은 디지털 콘텐츠 산업의 꽃으로 평가 받는다. 따라서 게임 산업은 앞으로가 더 기대되는 분야라고 볼 수 있다. 지금부터 차근차근 준비한다면, 전 세계 디지털 콘텐츠 산업을 선도하는 역할을 할 수도 있다.

❻ 게임 그래픽 디자이너

사람의 첫인상은 대게 외적인 조건, 특히 얼굴 생김에 의헤 결정지어 지는 일이 낳다. 물론 저마다의 선호는 다르겠지만, 잘생기고 예쁜 사람에게 한 번 더 눈길이 가기 마련이다. 가장 대중적인 놀이인 게임의 세계에서도 시각적 요소로 게임 유저들의 눈길을 붙잡고 있다.

게임 그래픽은 게임의 얼굴로 통한다. 유저들이 그래픽의 수준에서 게임의 질적 완성도를 가늠하기 때문이다. 살아 움직이는 듯 생생한 캐릭터와 게임 내용에 꼭 들어맞는 배경, 화려한 효과 등은 게임 유저들이 집중력을 발휘해 게임에 몰입하도록 이끄는 중요한 역할을 한다. 이 때문에 게임 그래픽은 게임의 첫인상을 결정짓는 게임의 얼굴로 인식되고 있다. 더군다나 게임 분야에까지 3D 그래픽 기술이 활용되면서부터 게임 그래픽의 중요성이 점점 더 커지고 있다. 더욱 박진감 넘치고 화려한 플레이가 가능하도록 게임의 모든 시각적인 요소를 담당하는 사람, 게임 그래픽 디자이너에 대해 알아보자.

■ 하는 일 : 게임 그래픽 디자이너(Game Graphic Designer)는 게임 속에 나오는 영상을 만드는 사람이다. 게임 기획자와 시나리오 작가가 게임의 내용을 만들면 게임 그래픽 디자이너는 게임 화면을 시각적으로 실감나게 표현하는 일을 한다. 게임에 등장하는 각종 캐릭터와 배경, 메뉴, 사람들이 아이템이나 대화를 주고받을 때 뜨는 창 등 게임 그래픽 디자이너는 게임에서 볼 수 있는 다양한 것들을 만든다.

게임 그래픽 디자이너는 크게 2D와 3D 디자이너로 분류되는데, 2D는 평면의 그림이고, 3D는 입체적인 그림을 뜻한다. 2D 게임 그래픽 디자이너는 '원화 디자이너'와 '도터'로 나뉜다. '원화 디자이너'는 게임에 들어갈 캐릭터나 배경을 어떻게 할 것인지 디자인하는 사람이고 '도터'는 도트 그래픽을 그리는 사람이다. 여기서 도트(dot)란 점을 뜻하고 도트 그래픽은 점을 찍어서 캐릭터나 소품 등을 그리는 것이다. 또, 게임 속에 보이는 메뉴창, 설정창 등을 만드는 '인터페이스 디자이너'도 있다. 3D 게임 그래픽 디자이너는 크게 모델러(modeler), 맵퍼(mapper), 애니메이터(animator)로 나뉜다. '모델러'는 원화 디자이너가 그린 캐릭터나 배경을 소프트웨어를 이용해 입체적으로 만들어 내는 일을 하고, '맵퍼'는 모델러가 입체적으로 만들어 놓은 것에 색을 입히거나, 생생한 질감이 느껴지도록 만드는 일을 한다. '애니메이터'는 이렇게 만들어진 캐릭터가 자연스럽게 움직이도록 만든다. 이 때문에 애니메이터는 다른 3D 게임 그래픽 디자이너에 비해 좀 더 어렵고 특별한 능력이 필요하다. 그 밖에 마법이나 기술 등 게임의 각종 특수효과를 제작하는 '이펙트 디자이너'가 있는데, 이들은 2D와 3D로 구분하기는 애매하다.

직원 수가 적은 게임 개발사의 경우 한 사람이 그래픽 작업을 모두 수행하기도 하지만, 규모가 큰 개발사에서는 2D, 3D 분야별로 전문 인력이 구성되기도 한다.

■ **준비 방법** : 게임 그래픽 디자이너가 되기 위해서는 고등학교나 대학에서 게임학과, 컴퓨터그래픽디자인과, 시각디자인과, 애니메이션과, 디자인에 관련된 공부를 하는 것이 유리하다. 게임 전문가를 키우는 공공 교육 기관이나 학원, IT와 관련된 교육 기관에서 교육받는 것도 좋다. 대학에서 미술 계열의 공부를 하는 것도 업무에 도움이 된다고 한다. 관련 자격증으로 한국산업인력공단에서 시행하는 게임 그래픽 전문가 있다.

게임 그래픽 디자이너로 일을 시작할 때 가장 중요한 것은 학교나 전공이 아닌, 포트폴리오와 경력이다. 포트폴리오란 자신의 실력을 보여줄 수 있는 작품들을 모아 놓은 자료를 말한다. 그러므로 자신의 능력을 가장 잘 표현할 수 있도록 평소 포트폴리오를 어떻게 만들 것인지 미리 생각해 놓는 것도 중요하다. 일반적으로 학교나 학원에서 추천을 받아 게임 개발사에 들어가기도 하지만, 그 외에 아는 사람을 통해 일을 시작하는 방법, 혹은 인터넷을 통해 지원할 수도 있다.

■ **직업 전망** : 게임 산업이 발전하면서 게임 유저들의 눈높이와 기대치가 점점 높아지고 있다. 이 때문에 요즘 서비스되는 게임은 3D 그래픽이 주를 이루는 등 질적 수준이 상당하다. 이러한 실정에서 게임 개발 회사에서는 그래픽과 프로그래밍을 담당하는 인력을 가장 많이 필요로 하고 있다. 이전에는 비디오 게임에 대한 관심이 높았지만, 점차 온라인 게임, 스마트폰을 이용한 모바일 게임이 급격하게 성장하면서 국내 게임 산업이 계속 발전하고 있다. 앞으로도 온라인, 모바일, 비디오 게임을 중심으로 게임 콘텐츠는 계속 필요하게 될 것으로 보이는데 이처럼 게임 시장이 커지면서 기존의 평범한 그래픽으로는 게임의 경쟁력을 갖추기가 힘들다. 따라서 전문 지식과 기술을 겸비한 게임 그래픽 디자이너가 더 많이 필요할 전망이다. 물론 관련 직업의 인기가 높아지면 취업 경쟁률도 덩달아 높아질 것으로 보이지만 준비된 이들에게는 많은 기회가 주어질 것으로 보인다.

게임 그래픽 디자이너는 기본적으로 그래픽 관련 컴퓨터 프로그램을 다룰 수 있어야 하지만 무엇보다 중요한 것은 디자인 능력이다. 기본적인 스케치 능력을 갖추고 있어야 하고, 평소 게임을 해 보며 게임 그래픽 디자인을 분석하고 디자인 감각을 키우려고 노력해야 한다. 특히 캐릭터, 배경, 움직임, 특수 효과 등 그래픽의 영역이 다양한 만큼, 캐릭터 애니메이션에 대한 연출·연기를 비롯해 인체 공학, 물리학, 운동 역학 등 다방면으로 전문 지식을 탄탄히 쌓아가는 것도 중요하다.

❼ 게임 기획자

새로운 게임 하나가 탄생하기까지 무엇 하나 중요하지 않은 과정이 없다. 이 때문에 게임 개발의 출발선부터 결승선에 이르는 전 과정을 아우르며 진두지휘하는 사람이 필요하다. 막중한 업무를 담당하는 만큼 고민도 깊을 것 같은데 특히, '내가 하고 싶은 게임인가, 유저가 원하는 게임인가'는 매번 게임 기획자를 괴롭히는 질문이라고 한다.

자신의 취향을 기준으로 게임을 만들겠다는 기획자와 유저의 선호를 기준으로 게임을 만들겠다는 기획자, 면접관들은 둘 중 누구의 손을 들어 줄까요? 과연 면접관들은 정확한 판단을 내릴 수 있을까요? 정답은 알 수 없다. 이제까지 개발된 수많은 게임 중 기획자 자신의 취향대로 만들어 성공한 사례가 있는가 하면, 기획자와는 무관하게 철저히 대중이 원하는 게임을 만들어 대박을 터뜨린 사례도 있다. 결국 이것은 양쪽 다 필요하며, 균형을 얼마나 잘 맞추느냐가 중요하다는 이야기일 것이다.

온라인 속 세상은 끝이 없으며, 게임 시장은 점점 커지고 있다. 더불어 잠재 고객도 가늠할 수 없이 늘고 있다. 이 모든 경우의 수를 계산해 상품으로서의 게임을 만들어 내야 하니, 기획자들의 고민이 깊을 수밖에 없겠다. 게임 제작의 전 과정을 진두지휘하는 사람들, 게임 기획자를 만나 직접 이야기를 들어 보자.

■ **하는 일** : 게임 기획자는 좋은 게임 아이디어를 생각해 내고, 그 아이디어를 실제로 게임으로 만들 수 있는지, 사업으로 성공할 수 있는지를 고려해 게임을 계획하는 사람이다.

게임 기획자는 하는 일에 따라서 크게 시스템 기획자와 레벨 기획자로 구분되는데, 시스템 기획자(System Designer)는 게임 구성과 게임의 기본 규칙을 만드는 일을 한다. 예를 들어 고대 유럽을 배경으로 판타지 게임을 만든다고 해 보자. 먼저 '두 종족이 몬스터를 잡아 자신을 성장시켜서 유저끼리 전쟁하는 게임을 만들자'라는 게임 컨셉트를 정하게 된다. 이후 시스템 기획자가 두 종족의 공격 방법 차이는 무엇이고, 아이템은 어떻게 얻고, 무기는 어떤 식으로 구성되어 있는지 등을 생각한다. 레벨 기획자(Level Designer)는 게임의 균형을 맞추는 것이 가장 중요한 일인데 예를 들면, 게임에서 일정 단계가 되면 다른 지역으로 이동하게 된다든지, 어느 정도의 자원이 모여야 어떤 무기를 가질 수 있다든지 등을 짜는 일을 한다.

게임 기획자는 자신이 기획한 게임이 완성될 때까지 매우 긴장되고 바쁜 시간을 보낸다. 기획 과정이 끝나고 본격적인 개발에 들어가면 게임이 원활하게 만들어지고 있는지도 확인해야 하고, 분야가 다른 각 개발팀을 관리해야 하기 때문에 신경 써야 할 것들이 많다. 자신의 아이디어를 게임으로 완성해 내겠다는 강한 열정을 가지고 쉴 새 없이 분주하게 일해야 하는 사람이 바로 게임 기획자인 것이다.

■ **준비 방법** : 게임 기획자가 되는 데 특별히 학력이나 전공에 제한은 없다. 그러나 관련된 교육을 받으면 업무 수행에 도움이 된다. 예전에는 게임 기획 전문 교육을 받을 수 있는 곳이 없었지만, 최근에는 게임 전문 고등학교 및 대학교에 게임 관련 학과도 생기고 학원에도 게임 기획자 공부를 할 수 있다. 하지만 게임 기획자를 선발하는 기준 중 가장 중요한 것은 역시 경험이라고 한다. 이 때문에 프로게이머, 그래픽 디자이너 등 게임 개발 분야에서 일하기 시작해 오랜 시간 경험을 쌓은 뒤 게임 기획자가 되는 경우도 있다. 관련된 자격증으로는 산업인력공단에서 시행하는 게임 기획 전문가가 있다.

게임 기획자는 게임을 계획하는 것뿐만 아니라 홍보 전략 구상 및 게임 운영 방법에 대한 전문적 지식을 갖고 있어야 한다. 또한, 프로그램이나 게임 그래픽 등 개발 과정에 관한 기본적인 지식도 필요하다. 다양한 게임을 직접 해 보면서 게임 분석 및 특성을 파악해 보는 것이 좋다.

■ **직업 전망** : 경쟁이 치열한 게임 산업에서 살아남으려면 경쟁력 있는 게임을 만드는 것만큼 중요한 일이 없다. 이 분야의 많은 관계자들은 게임의 성공 여부가 개발의 시작 단계인 기획에서 결정된다고 입을 모을 정도로 기획자의 역할이 중요하다. 따라서 향후 게임 기획자를 필요로 하는 곳도 더욱 늘어날 것으로 보인다.

PC 게임, 온라인 게임, 모바일 게임 등 여러 가지 게임이 있는데, 그 중에서도 모바일 게임은 짧은 시간 내 다양한 게임을 내놓는 것이 몹시 중요하다. 따라서 모바일 게임 기획자의 수요가 증가할 것이 예상된다. 그러나 게임 기획자를 뽑을 때, 신입보다는 경력이 있는 사람에게 더 높은 점수를 주는 만큼 처음부터 게임 기획자로 일을 시작하는 것이 현실적으로 어려울 수 있다. 게임 산업의 발전에 기대가 크고 관심을 갖는 사람이 많은 만큼 관련 분야에서 다양한 경험을 쌓는 등 더 많은 노력을 기울여야만 게임 기획자로 일할 수 있을 것이다.

모두가 열광할 수 있는 새로운 게임을 만들어 내려면 참신한 아이디어가 뒷받침되어야 한다. 따라서 게임 기획자들은 아이디어를 얻기 위해 다양한 문화에 대한 상식을 쌓고, 역사를 비롯한 철학, 사회학에 관심을 가질 필요가 있다. 하지만 좋은 아이디어가 많다고 해서 무조건 뛰어난 게임 기획자가 되는 것은 아니다. 강력한 추진력을 발휘해 아이디어가 게임으로 완성되도록 하는 것이 가장 중요하다. 작은 계획이라도 끝까지 실행에 옮기려는 자세를 갖출 수 있도록 노력해야 한다.

❽ 모바일 게임 QA 전문가

■ **하는 일** : 모바일 게임 QA 전문가는 모바일 게임의 전체 개발 과정에 참여하여 모바일 게임의 품질 향상을 위해 일한다. QA(Quality Assurance)란 품질 보증을 뜻하며, 이들은 재미와 품질을 보완·개선할 수 있도록 게임이라는 소프트웨어의 기본 기능이 제

대로 작동하는지, 사용자가 게임을 즐기기에 불편함은 없는지, 재미를 떨어뜨리는 요소는 없는지 등을 직접 휴대폰으로 게임을 해 봄으로써 기획자와 개발자에게 피드백 내용을 전달한다.

이들은 기획자가 원하는 방향과 사용자의 입장 등을 고려하여 업무를 진행하며, 기획자 및 개발자와의 원활한 커뮤니케이션으로 게임에 대한 이해도를 높인다. 기획 부분의 오류를 바로 잡거나 개발 과정에 대한 조언을 통해 기획자나 개발자가 놓칠 수 있는 부분을 보완하며, 타사 게임과의 비교, 장·단점 분석, 프로세스 개선 등에 대한 업무를 수행한다. 개발이 완료된 이후에는 기획서대로 게임이 제작되었는지 검증하며, 기획서와 이동 통신사의 검수 기준 등 평가 요소를 토대로 체크리스트를 작성하여 테스트한다.

요즘에는 다양한 휴대폰이 끊임없이 출시되기 때문에 어떤 사양의 휴대폰에서도 게임이 실행되는지를 확인한다. 게임의 규모에 따라 테스터를 모집하거나 게임 마니아를 모아 베타 테스팅을 진행하기도 한다. 버그 없이 게임을 출시하기 위해 QA 업무를 진행하지만 100% 완벽할 수는 없기에, 런칭 이후 게임 마니아가 모이는 웹사이트 등에서 반응을 살펴 불편 사항을 파악한다. 이동 통신사를 통한 게임 런칭 업무, 무료 체험판 작업, 콘텐츠 업데이트와 이벤트행사의 아이디어 제시나 유지·보수 업무도 이들의 몫이다.

게임의 장르마다 다르지만 보통 하나의 게임을 만드는 데 짧게는 3개월에서 길게는 2년 반 정도 걸리며, 모바일 게임 QA 전문가의 주요 업무는 개발 완료 시점부터 서비스가 될 때까지 2~3개월간 진행된다. 기획자, 개발자 외에도 마케팅이나 고객 지원 부서 등 다양한 부서와 협력하여 게임 개발에 참여한다.

■ **준비 방법 :** 모바일 게임 업체는 보통 경력자 모집이 많으며, 인턴 혹은 계약직으로 입사하거나 인맥을 통해 채용되기도 한다. 프로그래머, 프로게이머 등 다양한 분야에서 경험을 쌓아 진출하는 사람도 있으며, 처음 입사하면 검수 기관의 검수 규정이나 휴대폰 단말기 종류, 특성 등에 대해 교육받고, QA업무 진행 방식이나 검수 신청 단계

등을 익히며, 약 6개월 후부터는 프로젝트 팀에 참여하거나 독자적으로 프로젝트를 진행하게 된다.

모바일 게임은 온라인 게임과 달리 각 이동 통신사의 검수 과정을 통과해야 하기 때문에 이동 통신사의 검수 기준을 정확하게 이해해야 한다. 또한 소프트웨어공학, 테스트 수행 능력, 테스트(설계) 기법에 대한 이해, 테스트 계획 능력, 보고 능력, 테스트 과정에 대한 이해, 버그 추적 시스템 등의 프로그램 사용 능력 등이 필요하다.

품질은 회사에 금전적 손실을 주거나 이미지에 타격을 줄 수 있고, 한 번 출시하면 돌이킬 수 없기 때문에 꼼꼼하게 수많은 변수와 기능을 확인해야 하며, 분석력과 책임감이 있어야 한다. 모바일 게임에 대한 관심과 더불어 다른 개발사의 게임 구현 방식, 게임 트렌드 등을 늘 파악하고 있어야 하고, 이 외에도 비판적이며 객관적인 시선, 작은 것에 주목하는 태도, 논리적인 사고방식 등이 필요하며, 개발자에게 발견된 버그를 잘 전달할 수 있는 대화 능력도 요구된다.

■ **직업 전망** : 현재 전국에는 약 200여개 이상의 모바일 게임 업체가 있으며, 보통 한 업체에 10~15명의 모바일 게임 QA 전문가가 일하고 있다. 게임당 3명 정도 배치되며, 남성 종사자의 비율이 많은 편이나 여성의 진출도 늘어나고 있다. 규모가 작은 업체의 경우 주기적으로 게임을 출시하지 않기 때문에 단기 아르바이트를 쓰거나 큰 규모의 업체에 모바일 게임 QA 업무나 유통, 홍보 등을 위탁하기도 한다.

점차 경쟁이 치열해지고, 사용자의 요구 사항이 많아져 작은 업체에서도 QA 업무 전담 부서를 설치하는 경우가 많다. 소프트웨어의 품질 향상을 위한 업무이므로 온라인 게임 QA, 콘솔 게임 QA, 웹 QA 등 비슷한 업무를 진행하는 다른 곳으로도 전직이 가능하다.

❾ e스포츠 맵 제작자

■ **하는 일** : 일반인이나 선수들이 마음껏 자기 기량을 펼칠 수 있는 경기장, 즉 맵을 만드는 것이 맵 제작자의 일이다. 특히 e스포츠에서는 사용되어지는 맵에 따라 선수들이 여러 가지 전략과 전술을 준비해야 하는 등 승패에 큰 영향을 미치므로 맵 제작자들은 많은 것을 고려해야 한다. e스포츠가 아닌 게임에서도 맵이 있지만 그것은 게임에서 필드(field)라는 개념으로 쓰이는 일종의 프로그래밍이다. e스포츠에서 쓰이는 맵은 오로지 경기를 위해서만 쓰인다는 점에서 차이가 있다.

맵 제작 과정을 살펴보면, 먼저 e스포츠 대회의 제작사, 방송국 등 관련 기관과 함께 맵에 대한 기본적인 방향을 설정한다. 맵에서 주로 쓰일 전략이나 경기 형태 등에 대한 논의를 거친 후 맵 에디터 등의 프로그램을 이용해 실제 맵을 제작한다. 제작이 끝나면 맵 테스트를 하게 되는데, 이때 실제 이 맵을 사용할 선수들이 직접 참가하여 맵에서 경기를 치루며, 보완해야 할 점이나 문제점 등을 지적받게 된다. 테스트가 끝난 후 수정 작업을 거쳐 최종적으로 공인 맵을 만들게 된다. 평소에 방송 경기 및 대회를 모니터링하며 경기의 흐름을 파악하고 흥미를 이끌어 낼 수 있는 요소들에 대해 발굴하기도 한다.

■ **준비 방법** : 맵 제작자가 되기 위해 제일 먼저 해야 할 일은 자신이 먼저 직접 제작을 해 보는 것이다. 맵들은 맵 에디터라는 프로그램을 이용해서 제작 할 수 있기 때문에 기존에 만들어진 맵들에 대한 분석을 하면서 자신만의 맵을 제작해 보는 것이 중요하다. 제작과 관련된 커뮤니티 등에서 정보를 얻고 자신이 만든 맵을 타인에게 평가받으면서 실력을 키워 나가야 한다. 이런 과정을 거쳐 어느 정도 이름을 알리게 되면 방송국이나 협회 등에 발탁되어 일하게 된다.

맵 제작을 위해서 특별히 공부해야 할 것은 없으나 디자인에 대한 감각이 있으면 유리하다. 정밀한 균형을 조율할 수 있고 짜임새 있는 설계 능력이 요구되는 건축학에 대한 소양이 있으면 많은 도움이 된다. 종목에 대한 이해 없이는 맵을 제작할 수 없기 때문에 맵이 사용될 e스포츠 경기 종목에 대한 이해는 필수적이다.

e스포츠 전반의 흐름을 파악할 수 있는 분석력이 있어야 하며, 맵 하나를 제작하는데 있어 고려해야 할 점들이 많기 때문에 꼼꼼하게 선수뿐만 아니라 관련자들의 지적을 잘 수용할 수 있어야 한다.

■ **직업 전망** : 현재 각 게임 전문 방송국에서 프리랜서 형태로 활동하는 맵 제작자들은 약 10명 내외이다. 이들은 게임 관련 커뮤니티에서 활동하면서 명성을 얻어 발탁된 경우가 많으며, 제작 건당 수입이 들어오기 때문에 임금이 일정하지는 않다.

현재 취업의 문은 상당히 좁은 편이지만 점차 e스포츠가 산업으로써 틀이 갖추어 가고, 여러 가지 종목들이 계속 생겨나고 있어 이들에 대한 수요는 늘어날 것으로 보인다. 게임 관련 행사가 늘고 있으며, 대기업들이 e스포츠에 속속 참여하고 있어 시장이 더욱 커질 것으로 예상된다. 또한 경기 수가 늘어나고 있고 팬들 또한 새로운 형태의 경기를 원하기 때문에 새로운 맵에 대한 수요는 늘어날 것이다.

• 출처 : 워크넷

e스포츠 관련 고등학교

❶ 한국게임과학고등학교

2004년에 개교한 세계 유일의 게임 특성화 고등학교로서, 게임 기획, 게임 프로그래밍, 게임 그래픽, 게임 음악, 아케이드 게임, e스포츠 등의 전문 교육 과정을 운영하고 있다. 실력을 갖춘 게임 전문 교사, 그리고 최첨단 시설 아래의 맞춤형 학습 방법

을 통하여 게임 영재들의 조기 교육에 앞장서고 있다.

- 홈페이지 : http://www.game.hs.kr
- 전화 : 063-261-0700
- 주소 : 전북 완주군 운주면 대둔산로 1336

❷ 서울디지텍고등학교

국내 최초로 게임 · 영상과와 유비쿼터스과가 개설되었다. 특성화 고등학교로서 학생 중심의 선택형 교과 과정을 정착시키고, 영어 중점 창의 경영 학교로서 글로벌 인재를 양성하고 있다.

- 홈페이지 : http://www.sdh.hs.kr
- 주소 : 서울 용산구 회나무로12길 27
- 전화 : 02-798-3642

❸ 한국애니메이션고등학교

컴퓨터게임제작과, 애니메이션과, 영상연출과, 만화창작과 등을 개설하여 문화 콘텐츠 분야의 교육의 중심 고등학교이다.

- 홈페이지 : http://www.anigo.or.kr
- 주소 : 경기 하남시 검단산로 222
- 전화 : 031-790-9000

❹ 미림여자정보과학고등학교

인터랙티브미디어과, 뉴미디어디자인, 뉴미디어솔루션과 등으로 나눠 교육이 이루어지고 있다.

- 홈페이지 : http://www.e-mirim.hs.kr
- 주소 : 서울 관악구 호암로 546
- 전화 : 02-872-4072

e스포츠 관련 대학교

❶ 게임 관련 4년제 대학교

• 출처 : KCUE 대학입학정보 http://univ.kcue.or.kr

지역	대학명	계열	모집 단위(학과)	입학 정원
대구	계명대학교	공학	게임모바일공학전공	30
충남	공주대학교	자연과학	게임디자인학과	33
부산	동명대학교	공학	게임공학과	40
대전	배재대학교	공학	게임공학과	34
서울	상명대학교	공학	게임학과	20
부산	영산대학교	예체능	게임·영화학부	40
전북	예원예술대학교	예체능	만화게임영상학과	33
대전	우송대학교	공학	게임멀티미디어학과	40
전북	전주대학교	공학	게임컨텐츠학과	65
충남	중부대학교	공학	컴퓨터게임학과	40
경기	한국산업기술대학교	공학	게임공학부(게임공학전공)	85
경기	한국산업기술대학교	공학	게임공학부(엔터테인먼트 컴퓨팅전공)	35
충남	호서대학교	공학	게임학전공	60
전북	호원대학교	공학	컴퓨터게임학부	35
충남	홍익대학교(세종)	공학	게임학부 게임소프트웨어전공	40
충남	홍익대학교(세종)	예체능	게임학부 게임그래픽디자인전공	44

❷ 게임 관련 전문대학교

• 출처 : 한국전문대학교 전문대학입학정보 http://www.kcce.or.kr

학과	개설 대학
[인문사회] 게임기획비지니스과	여주대학교
[공학] 게임·영상콘텐츠과	부천대학교
[공학] 게임전공	청강문화대학교
[공학] 게임제작과	전남과학대학교
[공학] 게임컨설팅과	동부산대학교
[공학] 게임콘텐츠과	장안대학교
[공학] 게임콘텐츠과	동서울대학교
[공학] 게임콘텐츠과	한국복지대학교
[공학] 관광멀티미디어게임과	제주관광대학교
[공학] 멀티미디어게임과	제주산방대학교
[공학] 영상&게임콘텐츠과	부천대학교
[공학] 컴퓨터게임개발과	한국복지대학교
[공학] 컴퓨터게임과용인	송담대학교
[공학] 컴퓨터게임과	장안대학교
[예체능] 게임미디어과	계원예술대학교
[예체능] 게임애니메이션과	한국영상대학교
[예체능] 게임전공	청강문화산업대학교

생생 경험담 인터뷰 후기

e스포츠는 이미 우리나라에서 커다란 문화 산업으로 자리 잡았다. 불과 10여 년 전만해도 e스포츠라는 단어조차 없었고 게임을 많이 하면 중독이다 뭐다 해서 싸늘한 시선을 보냈는데, 이젠 부모님이 '우리 아이가 게임에 소질이 있는 것 같다'며 프로 게임팀을 직접 찾아가 자격 테스트를 받아 보게까지 하니 참으로 격세지감이다.

한국은 e스포츠의 종주국이다. 축구하면 유럽, 야구하면 미국, e스포츠하면 한국을 떠올릴 만큼 한국 e스포츠의 콘텐츠 파급력은 어마어마하다. 한국에서 경기가 열리는 날에는 지구 반대편에서도 생중계로 시청할 정도로 세계적으로 인기가 높다.

게이머는 그만 두면 할 일이 없다는 것은 옛말이다. 이미 국내 선수들은 수억 원의 연봉을 받으며 해외 팀으로 스카우트되고 있으며, 은퇴 후에도 프로팀의 감독, 코치 뿐만 아니라 해설가, 기획자, 방송인, 관련 기관 행정가 등 다양한 분야로 활동할 수 있는 길이 많아졌다. 청소년들에게 절대적인 지지를 받으며 e스포츠의 성장에 발판이 되어 현재 각 분야에서 왕성하게 활동하고 있는 전문가 5명을 만나 현실적인 이야기를 들어 보았다.

❶ 홍진호 – 전직 프로게이머, 방송인

그는 2인자의 대명사였다. 대한민국 e스포츠의 아이콘이자 스타크래프트 '저그 유저의 영웅'이었다. 현재는 방송인, 콩두컴퍼니 대표, Xenics의 프론트 직원 그리고 게임 가게 점장 등으로 몸이 10개라도 부족한 바쁜 일정을 보내고 있다. 그래서인지 인터뷰하기 전에 무척 피곤해 보였다. 그러나 그는 진정 프로였다. 인터뷰가 시작되자마자 질문의 요지에 맞게 위트를 섞어가며 자신의 이야기를 전했고, 인터뷰를 하는 시종일관 유쾌했다. 방송인으로서의 새로운 삶이 두렵고 설레지만 새로운 기회에 감사하며 최선을 다해 좋은 모습을 보이겠다고 말했다. 어떤 1등보다 위대하고 기억에 남을 2등. 그의 앞으로의 행보가 기대된다.

❷ 박정석 – 프로 게임팀 감독

그는 프로게이머 시절부터 잘생긴 외모에 인품까지 갖춰 많은 팬들을 몰고 다녔다. 뿐만 아니라 스타크래프트의 프로토스 종족을 선택한 게이머들이 처참한 성적을 기록하며 하나둘씩 떠나던 암울한 시기에도 뚝심 있게 우승을 차지하며 영웅으로 불리었고, 팬들의 기억에 오래 남
았다. 외부에서 인터뷰를 진행할 때
마침 소속팀 선수들과 마주했는데, 감
독님을 믿고 따르는 모습이 한눈에 보
였다. 선수 시절부터 그랬듯이 절제된
카리스마와 인내로 선수들을 이끌며
앞으로도 팬들의 기억에 남는 감독이
될 거라 믿는다.

❸ 임태주 – e스포츠 방송국 기획자

인터뷰를 하면서 그는 활화산 같다
는 느낌을 받았다. 늘 열정이 넘치며
불가능할 것 같던 것들도 보란 듯이
해내고야 마는 성격이었다. 50을 바라
보는 나이임에도 새로 출시되는 게임
을 직접 해 보며 분석하고 동향을 파
악한다, e스포츠라는 단어조차 없던
시절부터 e스포츠의 새로운 길을 개척하며 끊임없이 도전해 가는 에너지와 열정이
참으로 존경스러웠다.

❹ 이재균 – 한국e스포츠협회(KeSPA) 행정가

2001년 세계 최초 우리나라에서 월드사이버게임즈(wcg)가 개최되었다. 각 나라
를 대표하는 선수들이 한자리에 모였고, 당시 최고의 인기를 누리던 스타크래프트
선수들이 등장했다. 평소에는 서로 경쟁을 벌이던 각 팀 에이스들이 그날은 같은 유
니폼을 입고 가슴에 태극 마크를 달고 싸웠다. 그리고 그 뒤에는 선수들을 하나로

모으는 이재균 국가대표 감독이 있었

다. 어려운 환경 속에서도 최상의 성적을 내고, 오랜 기간 한결같이 대한민국 e스포츠의 발전을 위해 걸어왔다. 지금은 한국e스포츠협회에서 e스포츠가 우리나라의 건전한 문화로 뿌리내릴 수 있게 최선을 다하고 있어 e스포츠의 미래가 밝아 보였다.

❺ 박태민 – 프로 게임 해설자

그는 방송에서 직선적이고 거침없는 발언으로 화제를 모아 다소 거칠고 다혈질적인 성격이지 않을까 내심 걱정했었다. 하지만 인터뷰를 진행하며 그에 대한 선입견은 완전히 허물어졌다. 크리스찬인 그는 시종일관 겸손했고, 팬들을 진정으로 사랑하고 아끼주는 마음이 따뜻한 사람이었다. 책을 편집하며 다소 번거로운 부탁을 했을 때에도 항상 성심성의껏 답해 주었다. 어려운 가정 환경 속에서도 꿈을 잃지 않고 그것을 이루어 왔으며, 지금도 또 하나의 꿈을 꾸고 있는 그는 청소년들의 롤모델이 되기에 충분했다.